Teneriffa

Harald Klöcker ist freier Journalist und lebt in Köln. Zahlreiche Veröffentlichungen zu landeskundlichen, kulinarischen und touristischen Themen Spaniens. Er berät auch spanische Firmen und Institutionen.

 Familientipps

 Diese Unterkünfte haben behindertengerechte Zimmer

 Ziele in der Umgebung

Preise für ein Doppelzimmer ohne Frühstück:

€€€€ ab 200 € €€ ab 60 €
€€€ ab 130 €   € bis 60 €

Preise für ein dreigängiges Menü ohne Getränke:

€€€€ ab 50 €   €€ ab 21 €
€€€ ab 30 €   € bis 21 €

Inhalt

Willkommen auf Teneriffa 4

MERIAN-TopTen
Höhepunkte, die Sie sich nicht entgehen lassen sollten 6

MERIAN-Tipps
Tipps, die Ihnen die unbekannten Seiten der Insel zeigen 8

Zu Gast auf Teneriffa 10

Übernachten 12
Essen und Trinken 14
Im Fokus – Junge Winzer, neue Weine 18
grüner reisen 20
Einkaufen 24
Feste und Events 28
Sport und Strände 32
Familientipps 36

◄ Mächtig erhebt sich der Pico del Teide über Puerto de la Cruz (▶ S. 59).

La Laguna und der Norden   Santa Cruz de Tenerife

Der Westen

Der Süden

Unterwegs auf Teneriffa 38

Santa Cruz de Tenerife 40
La Laguna und der Norden 48
Der Westen 58
Der Süden 72

Touren und Ausflüge 80

Von La Laguna zum Teide-Nationalpark 82
Von Buenavista nach Arguayo 84
Von der Ermita Cruz del Carmen nach Chamorga 86
Durch die Masca-Schlucht 88

Wissenswertes über Teneriffa 90

Auf einen Blick 92
Geschichte 94
Sprachführer Spanisch 96
Kulinarisches Lexikon 98
Reisepraktisches von A–Z 100

Kartenlegende 109
Kartenatlas 110
Kartenregister 122
Orts- und Sachregister 126
Impressum 128

✲ Karten und Pläne

Teneriffa .... Klappe vorne
Santa Cruz de Tenerife ... Klappe hinten
La Laguna 51
Puerto de la Cruz 61
La Orotava 69
Kartenatlas 109–121
Die Koordinaten im Text verweisen auf die Karten, z. B. ▶ S. 110, B 3.

Extra-Karte zum Herausnehmen .... **Klappe hinten**

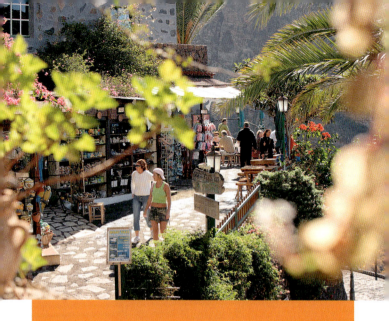

Willkommen auf Teneriffa
Die größte Kanareninsel ist reich mit vulkanischem Gebirge, weiten Stränden, Wanderrouten und viel Sonne gesegnet.

Jüngst musste ich wieder an meine Freunde denken, die Teneriffa nicht kennen, aber eisern an der Meinung festhalten, die Insel sei ein einziger Rummelplatz vergnügungssüchtiger Touristen. Ich höre den Schmähungen zu: Playa de las Américas, Los Cristianos, Puerto de la Cruz – die ganze Insel nichts als Getöse, Gedränge, Landschaftsfraß, geschundene Natur, Teneriffa abgeschrieben! Freunde, ihr pauschalisiert. Wie gern will ich euch bei der Hand nehmen und zeigen, dass solche Ballungszentren des Massentourismus höchstens fünf Prozent des Inselterritoriums ausmachen. Überdies würde ich gern mit euch durch die Pinienwälder an den Hängen der Cañadas wandern. Am Folgetag führe ich euch von Teno Alto durch das wilde Bergland hinab zum Leuchtturm an der Punta de Teno. Anderntags steigen wir von der Aussichtsplattform Pico del Inglés abwärts durch den Barranco de Tahodio bis nach Barrio de la Alegría. Oder wir streifen durch die Baumheidewälder des Anaga-Gebirges. Dem Teide-Nationalpark widmen wir mehrere Tage, ich würde drei recht unterschiedliche Wanderrouten aussuchen.

Unvergessliche Ausblicke
Hoffentlich würden meine Freunde bald verstehen: Teneriffa ist größtenteils Bergland. Lava, Tuff und Asche,

◀ In den Gassen von Masca (▶ S. 85), einem Bergdorf im Teno-Gebirge.

Geröllhänge, Pinienwälder, bizarre Felsenriffs und vegetationssüppige Schluchttäler sind die Zutaten dieser durch und durch vulkanisch geprägten Landschaften. Will man hier unterwegs sein, muss man immer wieder auf- und absteigen, manchmal durch Passatwolken. Zugig und kühl könnte es werden. Aber ich verspreche, an jedem Wandertag wird man mit grandios weiten Ausblicken belohnt. Bis zur Plattform La Rambleta kurz unter dem Teide-Gipfel geht es mit dem Teleférico hinauf. 3555 Höhenmeter, beglückende Panoramen über die zerklüfteten vulkanischen Weiten des Nationalparks. Später stehen wir auf dem Mirador de Don Pompeyo und blicken über die Bananenfelder bei Buenavista. Und von der Punta de Teno grüßen wir zu den Nachbarinseln La Gomera und La Palma hinüber, versäumen aber nicht, dem Abendrot beizuwohnen, das dem Meer eine Farbe wie Kohlenglut gibt. In der Wildnis des Nordens haben dank der Feuchtigkeit der Passatwolken Baumheide- und Lorbeerwälder überdauern können. Dann diese exotisch anmutenden Gewächse an den Berghängen des Südens: Feigenkakteen, Palmen, Ginster, Wolfsmilchgewächse, Agaven und Passionsblumen. Dazu botanische Raritäten wie das Teide-Veilchen, der Rote Teide-Natterkopf oder die Teide-Skabiose. Die meisten Legenden hat der Drachenbaum hervorgebracht. Er wurde von den Guanchen, den Ureinwohnern, geradezu vergöttert. Sein rötlicher Harzsaft war für die Herstellung von Heilsalben begehrt, außerdem mumifizierte man die Toten mit ihm.

Kultur der Ureinwohner und Vorzüge des Weins

Überhaupt, die Guanchen. In den letzten Jahren ist die Identifikation der Tinerfeños mit ihren Ureinwohnern merklich angewachsen. Archäologische Funde wurden zusammengetragen und in Sammlungen zur Schau gestellt. Besuchern der Insel wird nicht ohne Stolz dokumentiert, welchen Mythen sich die Guanchen verschrieben hatten, wie sie ihre Toten bestatteten, wie sie wohnten, arbeiteten, sich ernährten.

Mit fast noch größerem Stolz spricht man unter Einheimischen von den Weinen Teneriffas, die seit Kurzem eine solche Qualitätssteigerung erfahren haben, dass jeder Besucher töricht wäre, der diese Behauptung nicht persönlich überprüfen würde. Dies gilt nicht minder für den hiesigen Ziegenkäse, für die Kartoffeln, die Fischgerichte, den deftigen Puchero-Eintopf oder den vielerorts auf der Insel vorbildlich zubereiteten, mit nicht zu wenig Kräutern verfeinerten Kaninchenbraten. Meine Freunde wären gewiss nicht abgeneigt.

Ich würde noch Wein nachschenken und sehr aufmerksam zuhören, wie meine Freunde, einer nach dem anderen, sich eingestehen müssten, dass Teneriffa reizvoller ist als vermutet. Vor allem abwechslungsreich und klimatisch beneidenswert begünstigt – höre ich sie eingestehen. Mich freut das. Gleichzeitig fällt mir ein, dass ich ihnen noch nicht die Masca-Schlucht gezeigt habe, auch nicht das höchstgelegene Bergdorf Spaniens, Vilaflor. Und im Botanischen Garten von Puerto de la Cruz sollten wir schließlich auch gewesen sein. Ich würde gerne mit meinen Freunden nach Teneriffa fahren.

MERIAN-TopTen MERIAN zeigt Ihnen die Höhepunkte der Insel: Das sollten Sie sich bei Ihrem Besuch auf Teneriffa nicht entgehen lassen.

 Casa del Vino »La Baranda«
Dieses Museum in El Sauzal vermittelt interessante Einblicke in die örtliche Weinwirtschaft (▸ S. 17, 18, 26, 57).

 Markt in Santa Cruz
Bunter, stets von Trubel erfüllter überdachter Wochenmarkt der Inselmetropole mit einem üppigen Sortiment (▸ S. 26, 41, 42).

 Karneval in Santa Cruz
Die Hauptstadt avanciert im Spätwinter zum Tollhaus der Narren mit Tanz, Kostümfesten und Umzügen (▸ S. 29).

 Loro Parque, Puerto de la Cruz
Vielseitigster Vergnügungspark Teneriffas, eine abwechslungsreiche Attraktion vor allem für Kinder (▸ S. 37, 60).

 Museo de la Naturaleza y el Hombre, Santa Cruz
Große Sammlung in Santa Cruz zur Natur- und Kulturgeschichte der Insel (▸ S. 42).

 Altstadt von La Laguna
Ein sehenswertes Ensemble aus historischen Adelshäusern und Palästen, das als UNESCO-Weltkulturerbe gilt (▸ S. 49).

 Montañas de Anaga
Lorbeer- und Baumheidewälder, tief eingekerbte Täler und einsame Felsenküsten prägen diesen Gebirgszug (▸ S. 55, 86).

 Jardín Botánico, Puerto de la Cruz
Rund 3000 subtropische bzw. tropische Pflanzen und Bäume gedeihen hier (▸ S. 60, 62).

 Parque Nacional del Teide
Millionen besuchen jedes Jahr diese grandiose vulkanische Wildnis mit ihrer einzigartigen Flora und Fauna (▸ S. 70, 83).

 Vilaflor
Rund 1500 Meter hoch an den Hängen der Cañadas inmitten von Pinienwäldern gelegenes, äußerst reizvolles Bergdorf (▸ S. 78).

MERIAN-Tipps
Mit MERIAN mehr erleben. Nehmen Sie teil am Leben der Insel und entdecken Sie Teneriffa, wie es nur Einheimische kennen.

1 Hotel San Roque, Garachico
Ausgesprochen komfortables, originell eingerichtetes Haus mit Sauna, Pool und Mountainbikeverleih (▸ S. 13).

2 Finca La Cuadra de San Diego, La Matanza de Acentejo
Traditionelle Finca mit schönem Garten und Produkten aus eigenem Anbau (▸ S. 16).

3 Casa Torrehermosa, La Orotava
Garantiert nur lokales Kunsthandwerk: Tischdecken, Keramik, Flechtarbeiten, handgefertigte Messer (▸ S. 25).

4 Mercado in La Laguna
Markthalle mit überreicher Auswahl an Lebensmitteln – auch an Sonn- und Feiertagen (▸ S. 26).

5 Fronleichnam in La Orotava
Vor dem Rathaus wird an diesem Tag ein riesiger Teppich aus vielfarbigem Vulkansand und Abertausenden Blumen ausgelegt (▸ S. 31).

6 Parque Municipal García Sanabria, Santa Cruz
Gepflegter Stadtpark mit altem Baumbestand und allegorischen Skulpturen (▸ S. 44).

 Hotel Mencey, Santa Cruz
Dieses luxuriöse Haus – in früherer Zeit der Sitz des Militärgouverneurs – verbindet authentische Architektur mit Komfort (▶ S. 45).

 Pirámides de Güímar
Im »Ethnografischen Park« nahe der Ortschaft Güímar sind interessante Kultstätten der Guanchen zu sehen (▶ S. 56).

 Hotel Tigaiga, Puerto de la Cruz
Vier-Sterne-Hotel mit Gourmet-Restaurant, in einem herrlichen subtropischen Garten gelegen (▶ S. 63).

 Restaurant Las Aguas, San Juan de la Rambla
In diesem familiären Haus speist man zum Rauschen des Atlantiks (▶ S. 66).

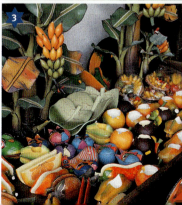

Liebhaber edler Tropfen sollten die als »La Baranda« (▶ S. 57) bekannte Casa del Vino nicht verpassen. Das Weinmuseum befindet sich in El Sauzal bei Tacoronte.

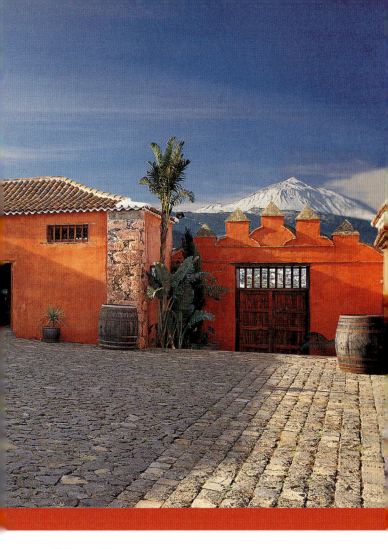

Zu Gast
auf Teneriffa

Die subtropische Pflanzenpracht und ein frisches, sonnenreiches Klima prägen den Charme der Insel. Dazu gesellt sich eine vielfältige touristische Infrastruktur.

Übernachten

Die großen, gut ausgestatteten Hotels konzentrieren sich vor allem in Puerto de la Cruz sowie in Playa de las Américas. Aber auch in anderen Ortschaften fehlt es nicht an modernen Unterkünften.

◀ Relaxen in noblem Ambiente: Spa-Bereich des Gran Hotel Bahía del Duque (▶ S. 74) in Playa de las Américas.

In Puerto de la Cruz im Norden der Insel und in Los Cristianos/Playa de las Américas im Süden erwarten den Urlauber zahlreiche Hotels, Apartments und Bungalows. Alle Komfort-Kategorien sind hier vertreten, darunter nicht wenige Großhotels der bekannten spanischen oder internationalen Hotelunternehmen.
Allein im Ballungsgebiet Los Cristianos/Playa de las Américas an der Südküste werden schätzungsweise 70 % des touristischen Geschäfts abgewickelt. Hier und in Puerto de la Cruz an der Nordküste logiert die überwiegende Mehrheit der Pauschaltouristen.

Komfort auf allen Ebenen

Die **Hotels** sind je nach Ausstattung in 1- bis 5-Sterne-Kategorien, die **Hostales** in 1- bis 3-Sterne- und die **Pensionen** in 1- oder 2-Sterne-Kategorien eingeteilt. Der Qualitätsstandard der Apartments wird mit Schlüsselsymbolen bezeichnet. Mehrere Häuser, darunter das Oceano in Punta del Hidalgo oder das Tierra del Oro in Los Realejos, stufen sich selbst als Fitness-, Sport- oder Gesundheitshotel ein und verfügen über medizinische Erholungs- und Kureinrichtungen.
Wer einen Aufenthalt auf dem Land vorzieht, richte sein Augenmerk auf die Kategorie **Turismo Rural**. Hier werden restaurierte Fincas, Bauern- und Herrenhäuser in ländlicher Umgebung zur Vermietung angeboten.

AECAN Landtourismus
Tel. 9 22 24 81 14 • www.aecan.com

MERIAN-Tipp

HOTEL SAN ROQUE
▶ S. 115, D 10

Außergewöhnlich komfortabel, geschmackvoll und originell mit Designermöbeln eingerichtetes Hotel in einem restaurierten historischen Gebäude des 17. Jh. Sauna, beheizter Pool, Klimaanlage, Badezimmer mit Jacuzzis. Angelausrüstung, Mountainbikes, Videos und CDs werden kostenlos verliehen. Erlesene Weine und Spirituosen, herausragende kulinarische Leistungen. Freundlicher Service, man spricht auch Deutsch.
Garachico, Esteban de Ponte, 32 • Tel. 9 22 13 34 35 • www.hotel sanroque.com • 20 Zimmer • €€€€

Central de Reservas de ATTUR (Asociación Tinerfeña de Turismo Rural)
Umfassende Palette an Unterkünften in ländlicher Umgebung.
Tel. 9 22 53 27 33 • www.attur.es

Unterkünfte im Internet
Ein umfangreiches Angebot an Ferienhäusern, -wohnungen, Landhäusern, Fincas sowie Zimmern von privaten Anbietern findet man unter:
www.ferienwohnungen-last-minute.de
www.ferien-auf-teneriffa.net
www.finca-kanaren.de

Empfehlenswerte Hotels und andere Unterkünfte finden Sie bei den Orten im Kapitel ▶ **Unterwegs auf Teneriffa**.

Preise für ein Doppelzimmer ohne Frühstück:
€€€€ ab 200 €	€€ ab 60 €
€€€ ab 130 €	€ bis 60 €

Essen und Trinken
Man besinnt sich vermehrt auf die authentische kanarische Küche und serviert echte Spezialitäten. Dazu passt stets das gehaltvolle Aroma der kanarischen Weine.

◂ Ein kleiner Snack als Einstimmung auf den Abend: Café in der Calle de la Hoya in Puerto de la Cruz (▶ S. 59).

An Restaurants, einfach ausgestatteten, aber gemütlichen Gasthäusern (»merenderos«), Tavernen, Cafés und Bars leidet Teneriffa keinen Mangel. In den großen Urlauberzentren im Süden der Insel trifft man auf viele Gaststätten, die dem angestammten Geschmack der Auslandstouristen gefällig sein wollen und sich daher der internationalen Küche verschrieben haben, was immer man darunter verstehen mag.

Wer sich auf Teneriffa gezielt von deutschem Eisbein mit Sauerkraut, Wiener Schnitzel oder italienischen Nudelgerichten entfernen und der typischen Küche seiner Urlaubsregion zuwenden möchte, muss selbst die Initiative ergreifen und sich – außerhalb der Hotelsiedlungen – in kleinere Ortschaften an der Küste oder im Hinterland begeben. Dort wird man mit Spezialitäten belohnt, die diese Bezeichnung noch verdienen. Von einer eigenen tinerfeñischen Küche kann man wohl kaum reden, aber von einer kanarischen. Und die verfügt durchaus – allen Vorurteilen zum Trotz – über einen markanten kulinarischen Charme.

Volkstümliche Gerichte

Die kanarische Küche strebt nicht nach Eleganz und Raffinement, sondern kultiviert ihre volkstümlichen, rustikal bäuerlichen Wurzeln. Die Zubereitung folgt meist schlichten Traditionsverfahren, aber die Zutaten – Meeresfrüchte oder Fisch aus dem Atlantik, Ziegen- oder Kaninchenfleisch, inseleigene Gemüse- und Obstsorten – sind von vorzüglicher Qualität. Davon zeugt beispielsweise der beliebte »**Puchero canario**«, ein Eintopf mit einem ausgewogenen Verhältnis von Gemüse und Fleisch. Je nach Vorrat und Jahreszeit enthält der deftige Puchero Zwiebeln, Möhren, Tomaten, Kürbis, Süßkartoffeln, Maiskörner und Kichererbsen, versetzt mit Rind- und Hühnerfleisch, Speck und Paprikawurst (»chorizo«). Jedes volkstümliche Restaurant schwört auf seine bewährte hauseigene Puchero-Rezeptur.

Gleichsam eine kulinarische Nachgeburt des Puchero sind der »tumbo« und die »ropa vieja« (»altes Kleid«). Für die Zubereitung des Ersteren nimmt man die Brühe mit Kichererbsen und Gemüseresten, die vom Puchero übrig geblieben ist, und fügt noch gebratenen Knoblauch hinzu. Eine »ropa vieja« fußt auf den Fleischresten des Puchero, die mit Gewürzen angereichert in der Pfanne gebraten werden. Generell erweisen sich die kanarischen Gemüsesuppen (»potajes«) und Gemüsebeilagen – ob Kürbis, Kohl, Möhren, die diversen Bohnensorten, Mais, Mangold oder Kichererbsen – als hocharomatisch und delikat. Ein Hochgenuss für Feinschmecker sind auch die Avocados, insbesondere die Sorten »Hass« und »Fuerte«. Besonders delikat schmecken vollkommen ausgereifte Avocados mit Muscheln und Meeresfrüchten.

Herzhafte Kartoffeln

Eine verehrte Grundsubstanz der kanarischen Küche ist die **Kartoffel**. Sie gelangte nachweislich schon im 16. Jh. aus den Kolonien der Neuen Welt hierher. Fast unglaublich, aber wahr: Nahezu 50 Kartoffelsorten, alle verschieden nach Größe, Aussehen und Geschmack, kultiviert man heute auf den Kanarischen Inseln, die meisten und besten des Klimas und der Höhenlage wegen auf Teneriffa. Ein regelrechtes Kartoffelzentrum ist beispielsweise die 1450 m hoch gelegene Ortschaft Vilaflor. »Patata« heißt die Kartoffel im Spanischen, auf den Kanaren nennt man sie wie in Lateinamerika »papa«.

Zu den eigentümlichsten und gleichzeitig aromatischsten Sorten zählen die »papas bonitas« oder die äußerlich schwarzen, innen gelben, rundweg delikat mundenden »papas negras«, die ursprünglich aus Peru stammen. Kartoffeln werden zu vielen kanarischen Gerichten gereicht. Am weitesten verbreitet sind die mit einer Salzkruste überzogenen »papas arrugadas«.

Traditionell wird zu vielen Kartoffel-, Fisch- und Fleischgerichten ein passender »**mojo**« – wohl ein portugiesisches Wort –, eine aus vielerlei Gewürzen und Öl bereitete Sauce, gereicht. Mojos gibt es in allen erdenklichen Variationen: »mojo rojo« (mit rotem Paprika), »mojo picón« (mit scharfem Paprika), »mojo azafranillo« (mit inseleigenem Safran), »mojo de ajo« (mit Knoblauch), »mojo verde« (mit Petersilie oder Koriander). Als Fundament der kanarischen Küche diente über Jahrhunderte neben der Kartoffel der »**gofio**«. Dieses Grundnahrungsmittel der Guanchen und Wanderhirten besteht aus Mais oder Weizen. Die Körner werden in Gofio-Mühlen bei etwa 150 °C geröstet, das dunkle, abgekühlte Korn wird nun ohne oder mit Salz vermischt gemahlen. Der fertig zubereitete und nicht gerade leicht verdauliche »gofio«, bisweilen auch als »kanarischer Beton« verschmäht, wird gern als Beilage, etwa zu Suppen, Fleisch, Käse oder getrockneten Feigen, gereicht.

MERIAN-Tipp

LA CUADRA DE SAN DIEGO
▶ S. 112, C 7

Gepflegte traditionelle Finca mit schönem Garten, alten Drachenbäumen, einer Kapelle aus dem 17. Jh., hausgemachtem Wein und Produkten aus eigenem Anbau. Seit 1994 ist in einem Nebengebäude ein kleines, rustikales Restaurant untergebracht. Hauseigener Rotwein, frischer Ziegenkäse, »frangollo« (eine Art Polenta), Kaninchengerichte und wundervolle Nachspeisen, alle selbst zubereitet. Sehr freundlicher Service.
La Matanza de Acentejo, Camino Botello, 2 • Tel. 9 22 57 83 85 • www.lacuadradesandiego.es • Di–Sa 13–16 und 19.30–23, So 13–16 Uhr • €

Grillfleisch in Gesellschaft

An Wochenenden pilgern die Tinerfeños gern mit der ganzen Familie zu einschlägig bekannten Landgasthäusern (»merenderos«), die sich auf gegrillte **Fleischgerichte** (Rind, Ziege, Schwein oder Hähnchen) spezialisiert haben. Die Ortschaft La Esperanza südlich von La Laguna ist beispielsweise ein solches Pilgerziel; Grillfleisch und Wein werden hier verzehrt. Ausgesprochen typisch und köstlich sind auf Teneriffa die variationsreich kreierten, oft marinierten und geschmorten Kaninchen- und Ziegenfleischgerichte. Sie verdienen eine herausragende Empfehlung.

Fisch aus dem Atlantik

Was übrigens auch für die **Fischgerichte** gilt. Nicht wenige atlantische Fische, die ausschließlich in den Gewässern rings um die Kanarischen Inseln vorkommen, gelangen in die Küchen der hiesigen Restaurants: insbesondere diverse delikate Brassenarten, Barben, Barsche, Makrelen, Sardinen, Muränen, Thunfische, Drachenköpfe, Fleckhaie und Stöckerfische. Sehr beliebt und ausgesprochen wohlschmeckend ist das weiße, muskulöse Fleisch der »vieja« (auch Papageifisch genannt), einer Brassenart, die vornehmlich in den Gewässern des kanarischen Archipels gefangen wird. Feinschmecker schätzen auch die »sama« bzw. »salema« (eine Rotbrassenart) sowie die Seespinnen, die großen rosafarbenen Garnelen, die Kanarenlanguste und die diversen Muschelarten.

Das Klima Teneriffas ist dem Anbau vieler Fruchtsorten förderlich. Den Rang von wahrhaftigen Delikatessen erreichen hier vor allem die kleinen, süßen kanarischen Bananen, die Mangos, Papayas und auch Äpfel.

Ein deutliches Kompliment verdient der **Ziegenkäse**, dessen Aroma und Geschmack in halbreifem oder vollreifem Stadium am besten zur Geltung kommt. Gelegentlich wird er auf der Außenseite mit rotem Paprikapulver eingerieben, was ihm einen pikanten Geschmack verleiht. Ziegenkäse der Extraklasse bekommt man z. B. bei der Genossenschaftskäserei in Arico.

Vielfalt an Rebsorten

Keine andere der Kanarischen Inseln verfügt über eine derart ausgeprägte Vielzahl an interessanten **Weinen** wie Teneriffa. Viele Erzeuger sind im Grunde nur Hobby-Winzer, die Rebflächen von wenigen Hektar Größe bewirtschaften, diesen jedoch meist einen besonders hohen Qualitätsanspruch zukommen lassen. Die örtliche Weinwirtschaft ist gegenwärtig dabei, ihre Vinifikationsmethoden zu modernisieren und verbindliche Qualitätsstandards für alle Winzer zu schaffen; zudem wird mit neuen Rebsorten experimentiert.

Tacoronte-Acentejo ist das bedeutendste Anbaugebiet, bekannt für seine jungen, fruchtigen Rotweine, die gewöhnlich aus der traditionellen Rebsorte Listán Negro, gelegentlich verschnitten mit der Sorte Negramoll, gekeltert werden. In den Anbaugebieten Ycoden Daute Isora und Cumbres de Abona dominieren die meist aus Listán Blanco gekelterten Weißweine. Ein wundervoll vulkanisch getönter Weißwein ist etwa die Marke »Flor de Chasna« der Weingenossenschaft in Arico.

Weitere Anbaugebiete sind außerdem Valle de la Orotava, Valle de Güímar, Ycoden-Dante-Isora sowie Anaga. Herausragend qualitätsorientiert arbeiten im Anbaugebiet Tacoronte Acentejo die Bodegas Afecan (Marke El Lomo), Insulares de Tenerife (Marke Viña Norte), Monje, La Palmera und Guayonge.

Informationen über die Geschichte und Gegenwart der Teneriffa-Weine vermittelt die sehr kompetent geführte **Casa del Vino »La Baranda«** 1 (▶ S. 57) in El Sauzal.

Empfehlenswerte Restaurants finden Sie bei den Orten im Kapitel ▶ **Unterwegs auf Teneriffa.**

Preise für ein dreigängiges Menü:

€€€€ ab 50 €   €€ ab 21 €
€€€ ab 30 €   € bis 21 €

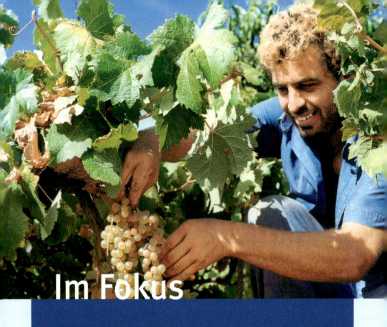

Im Fokus

Junge Winzer, neue Weine

Vor allem die jungen Weine überzeugen durch Fruchtigkeit und Frische sowie ein gehaltvolles, angenehmes Aroma.

Dokumente belegen, dass schon im 15. Jh. vom spanischen Festland Weinreben auf Teneriffa gebracht und dort kultiviert wurden. Im 16. und 17. Jh. wurde der Weinanbau zu einem bedeutenden Wirtschaftsfaktor. An Europas Königshöfen oder in spanischen und portugiesischen Kolonien waren die Weine aus Teneriffa sehr begehrt. Wer sich für die Geschichte des Weinanbaus auf Teneriffa interessiert, wird den Besuch in der **Casa del Vino »La Baranda«** 1 in El Sauzal (▶ S. 57) sehr zu schätzen wissen. Dort können im Übrigen die regionalen Weine verkostet und erworben werden.

Einen deutlichen Aufschwung erlebten die hiesigen Weine in den letzten 20 Jahren. Die vermehrte Nachfrage durch die Urlauber hat wesentlich dazu beigetragen, dass die meist flächenmäßig kleinen Weinproduzenten auf der Insel ihre Ausrüstung modernisierten und sich ihrer Arbeit noch professioneller widmeten. Viele Produzenten bewirtschaften nur ein oder zwei Hektar – manchmal an Steilhängen –, sind aber als Nebenerwerbswinzer umso engagierter bei der Sache. Die meisten dieser Winzer keltern entsprechend nur geringe Mengen Wein.

Vulkanische Aromen

Derzeit existieren auf der Insel fünf amtlich festgelegte Anbaugebiete (Denominaciones de Orígen, D.O.) Abo-

◀ Viele Winzer kultivieren nur wenige Hektar, doch dafür umso engagierter.

na; Tacoronte-Acentejo; Valle de Güímar; Valle de la Orotava; Ycoden-Daute-Isora. In allen diesen Anbaugebieten wacht ein Kontrollrat (»Consejo regulador«) über die Einhaltung der gesetzlichen Bestimmungen für den Weinanbau und die Vermarktung.

Das Anbaugebiet Abona ist flächenmäßig das größte Teneriffas. Es umfasst weite Teile des kargen, sonnenreichen Südens. Die Rebflächen liegen dabei zwischen 300 und 1700 m Höhe; hier findet man die am höchsten gelegenen Rebanpflanzungen in Europa. Typisch für Abona sind die fruchtbaren Vulkanböden, die den Weinen einen markanten mineralischen Charakter verleihen. Wegen der extremen Höhenlage sind die Erträge in diesem Anbaugebiet vergleichsweise gering. Bei den Weißweinreben dominieren die Sorten Listán Blanco, Torrontés, Vijariego und Forastera; bei den Rotweinreben die Sorten Listán Negro, Negramoll und Tintilla.

Ganz im Norden der Insel befindet sich das ca. 1800 ha große Anbaugebiet Tacoronte-Acentejo. Die Passatwinde bescheren dieser Zone viel Feuchtigkeit und Frische. Die meisten Reben gedeihen hier in küstennahen Tälern bis zu einer Höhe von etwa 1000 m. Hergestellt werden Weißweine (Listán Blanco, Gual oder Malvasía) und Rotweine (Listán Negro oder Negramoll). Neben dem Großerzeuger Bodegas Insulares Tenerife mit der bekannten Marke Viña Norte unterstreichen vor allem die Produzenten Monje, Guayonje und La Isleta die originelle Qualität der Weine aus diesem Gebiet.

Rund um die Ortschaften Güímar, Arafo und Candelaria im Osten der Insel erstreckt sich das mehr als 720 ha große Anbaugebiet Valle de Güímar. Die hier produzierten Rot- und Weißweine sind weniger bekannt, die Zahl der renommierten und etablierten Winzer hält sich noch recht in Grenzen. Ähnlich sieht die Lage in rund 920 ha großen Anbaugebiet Valle de Orotava rings um die Ortschaften La Orotava und Los Realejos aus. Auch hier finden sich einige interessante Weine, deren Aroma in angenehmer Weise daran erinnert, dass die Reben auf Vulkanboden gewachsen sind.

Das im äußersten Westen gelegene Anbaugebiet Ycoden-Daute-Isora ist fast 1500 ha groß und durch ein mediterranes Klima gekennzeichnet. Auch hier spielt der vulkanische Boden für die aromatische Struktur der Weine eine herausragende Rolle. Von Kennern sehr geschätzt sind die zumeist aus den Sorten Torrontés, Listán Blanco, Moscatel, Malvasía oder Marmajuelo gekelterten Weißweine aus diesen Breiten. Sie sind strohgelb, frisch und würzig. Zu den leistungsstärksten Erzeugern zählen die Bodegas Viñátigo, Tajinaste und Bilma.

Weingüter und Weingenossenschaften:

Bodegas Monje
Camino Cruz Leandro 36, El Sauzal • Tel. 9 22 58 50 27 • www.bodegasmonje.com

Bodegas Insulares de Tenerife
Tel. 9 22 57 06 17 • www.bodegasinsularestenerife.es

Bodega Valleoro
Ctra. General de la Orotava–Los Realejos, La Perdoma • Tel. 9 22 30 80 31 • www.bodegavalleoro.com

Bodegas Viñátigo
Calle Cabo Verde s/n, La Guancha • Tel. 9 22 82 87 68 • www.vinatigo.com

grüner reisen

Wer zu Hause umweltbewusst lebt, möchte dies vielleicht auch im Urlaub tun. Mit unseren Empfehlungen im Kapitel grüner reisen wollen wir Ihnen helfen, Ihre »grünen« Ideale an Ihrem Urlaubsort zu verwirklichen und Menschen zu unterstützen, denen ein verantwortungsvoller Umgang mit der Natur am Herzen liegt.

Rückbesinnung auf die natürlichen Vorzüge

Das sonnenreiche Klima fördert den Anbau von subtropischen oder gar tropischen Früchten und Gemüsesorten. In den letzten Jahren haben nicht wenige Landwirte erkannt, dass dieser klimatische Vorzug auch für die Herstellung von zertifizierten Bio-Produkten genutzt werden kann. Mittlerweile werden unter den gesetzlich fixierten Anforderungen der ökologischen Landwirtschaft Tomaten, Mangos, Papayas, Avocados und andere Erzeugnisse kultiviert. Auch beim Wein zeigt der Bio-Trend erste Ergebnisse. Vielerorts sind es ausländische Residenten oder Touristen, die die Nachfrage nach Bio-Lebensmitteln wachsen lassen. Vor diesem Hintergrund haben sich in jüngster Vergangenheit einige wenige Bio-Läden und -restaurants etabliert.
Wer naturkundlich interessiert ist, sich mit Vulkanismus, Sternenbeobachtung, Flora und Fauna beschäftigen möchte, findet inzwischen eine Vielzahl an sachkundigen Begleitern. Meist sind es kleine, von jungen Einheimischen gegründete Agenturen, die ihre Erfahrungen anbieten. Wer die natürlichen Attraktionen der Barrancos und Felsengebirge vertieft erleben möchte, tut in der Regel gut daran, einen kompetenten, ortskundigen Führer an seiner Seite zu haben.

ESSEN UND TRINKEN

El Limón ▸ S. 61, c 2

Dieses kleine vegetarische Restaurant im Zentrum von Puerto de la Cruz imponiert auf Anhieb durch seine einfache, aber liebevoll gestaltete Einrichtung. Man merkt, dass hier jemand die Dekorationen mit viel Sinn für ästhetische Details entworfen hat. Große Sprossenfenster, weiße Holzstühle, kleine Tische, die meisten für zwei Personen konzipiert. Einige Tische stehen dabei recht eng beieinander.

Das kulinarische Angebot besticht durch seine Frische und die kreative Kombination von natürlichen Aromen. Manche Lokalität in Puerto de la Cruz und Umgebung könnte sich hier wertvolle Anregungen holen. Zu den hausgemachten Kreationen zählen vor allem Suppen, Salate, vegetarische Burger und deftige Kartoffelarrangements wie etwa »patatas de abuela«. Stammgäste schwärmen von der hausgemachten vegetarischen Mayonnaise, den Sandwiches und belegten Baguettes. Ein Highlight sind unbedingt die frisch gepressten Säfte aus bestens ausgereiften Teneriffa-Früchten. Wechselnde Tagesgerichte. Es besteht Rauchverbot.
Puerto de la Cruz, Calle de Esquivel s/n (nahe Plaza de Iglesia) • Tel. 9 22 38 16 19 • Mo-Sa 13-16, 19-23, So 19-23 Uhr • €

EINKAUFEN

Agro-rosa ▸ S. 113, E 7

Eines der engagiertesten Unternehmen für die Verbreitung von Produkten aus ökologischer Landwirtschaft und sonstigen Bio-Erzeugnissen. Die Firma verkauft die Produkte in einem Laden, aber auch in einem Online-Shop. Bestellungen werden ebenso telefonisch entgegengenommen und an jedwede Adresse auf Teneriffa oder auf den anderen Kanarischen Inseln ausgeliefert. Selbst Lieferungen auf das spanische Festland können organisiert werden.
Zum Kernsortiment gehören Lebensmittel, vornehmlich Frischprodukte der Umgebung. Dazu zählen insbesondere Obst, Gewürzkräuter und Gemüse. Angeboten werden auch Brotprodukte, Marmeladen, Bier und Wein, Waschmittel, Kosmetika sowie Körperpflegemittel, sogar Samen und Düngemittel. Praktischer, gut organisierter Service, engagierte Mitarbeiter.
La Esperanza/El Rosario, Calle El Sino, 46 • Tel. 9 22 54 80 95, mobil 6 46 13 21 36 bzw. 6 53 51 57 44 • www.agro-rosa.com • Mo-Fr 9-18.30, Sa, So, feiertags 9-15 Uhr

Bodegas de Vilaflor
▸ S. 120, A 21/22

Dieses Unternehmen zählt zu den Pionieren, was die Herstellung und den Vertrieb von Bio-Weinen betrifft. Die bewirtschafteten Rebflächen liegen nahe der Ortschaft Vilaflor (auf 1500 m Höhe) und zählen zum Anbaugebiet D.O. Abona. Typisch für das 1570 ha große Anbaugebiet sind die extreme Höhenlage, die vulkanisch geprägten Böden und die Vielzahl von kleineren Winzern (derzeit ca. 1250). Angebaut werden insbesondere die roten Sorten Listán Negro und Negramoll. Bei den weißen Rebsorten dominieren Listán Blanco, Malvasia, Verdello und Gual. Bodegas de Vilaflor stellt zwei Markenweine mit Bio-Gütesiegel her. Unter der Marke »Lajial« werden ein trockener und ein halbsüßer Weißwein, ein junger Rotwein und ein vier Monate im Eichenfass gereifter Rotwein sowie ein Rosé vertrieben. Ein weiterer Rotwein sowie ein trockener junger Rotwein kommen mit der Markenbezeichnung »Albasur« in den Handel. Die Bio-Wei-

ne mit ihren sehr charakteristischen Aromen, die nicht zuletzt vom vulkanisch geprägten Territorium geprägt sind, können in der Bodega erworben werden. Man findet sie aber auch in den Bio-Läden auf Teneriffa.
Vilaflor, Plaza Hermano Pedro, 1, David Rodríguez Darias • Tel. mobil 6 09 49 25 07 • www.vinosdeabona.com

Herbolario El Olivo ▶ S. 114, C 11
Bislang gibt es nur wenige gut sortierte Bio-Läden auf der Insel. Dieser verfügt über ein breites Sortiment und wird überdies sympathisch und engagiert geführt. Viele deutsche Markenprodukte sind vertreten. Überhaupt richtet sich das Angebot vornehmlich an Ausländer, die im Urlaub nicht auf bewährte Bio-Erzeugnisse verzichten wollen. Viele Stammkunden kommen aus der Küstenortschaft Los Gigantes. Angeboten werden u. a. glutenfreie Lebensmittel, Vollkornbrot vom Dinkelbäcker, Babynahrung, Himalaja-Salz sowie medizinische Heilpflanzen. Erhältlich sind zudem Bachblüten, ätherische Öle, China-Öle, Aloe-Vera-Produkte sowie biologisch abbaubare Waschmittel wie Kernseife oder Gallseife. Zum Sortiment zählen daneben Nahrungsmittelergänzungen sowie diverse Produkte, die Ekzeme, Allergien oder Dermatitis lindern sollen.
Über den Verkauf der Produkte hinaus hat das biologisch orientierte Zentrum Reiki, Fußreflexmassagen, Wellness-Entspannungsmassagen sowie Yoga-Unterricht im Programm.
Santiago del Teide, Carretera Alcalá a Tamaimo, Urbanisación San Francisco, Centro Comercial (über d. Supermarkt Transito) • Tel. 9 22 86 24 80 • E-Mail: herbelolivo@yahoo.es • Mo–Fr 10–13.30, 16.30–19.30, Sa 10–13.30 Uhr, 1. Juli–31. Aug. nur vormittags

GEFÜHRTE NATURERLEBNISSE
Astroamigos ▶ Klappe vorne, c 6
Das Unternehmen mit Sitz in Santa Cruz organisiert und veranstaltet Sternen- bzw. Mondbeobachtungen für Gruppen. Sie bestehen in der Regel aus weniger als 12 Personen. Die nächtlichen Betrachtungen finden nahe dem Observatorium von Izaña statt. Die Höhenlage beträgt mehr als 2000 m. Hier ist der Himmel nahezu immer wolkenfrei. Störungen durch künstliches Licht sind an diesem Ort unterbunden, Izaña liegt stets über den Passatwolken.
Santa Cruz de Tenerife, Avenida Buenos Aires, 98, 2º D • Tel. 9 22 23 62 99, mobil 6 47 87 24 84 und 6 59 59 78 34 • www.astroamigos.com

El Cardón ▶ S. 114, B 10
Das 1999 gegründete Unternehmen hat sich auf naturkundliche Führungen und umweltkundliche Beratung und Weiterbildung spezialisiert. Die Mitarbeiter von El Cardón sind anerkannte Kenner von Flora und Fauna und verfügen über Erfahrung in der Betreuung von Gruppen. Organisiert werden beispielsweise Wanderungen durch die Masca-Schlucht, durch das Teno-Gebirge oder durch den Teide-Nationalpark. Auch vogelkundliche Beobachtungen, Nachtwanderungen mit Erklärungen zur Konstellation der Sterne oder Wanderungen mit botanischen Erkundungen werden angeboten.
Im Sektor Wassersport veranstaltet die Firma Ausflüge mit Kajaks entlang der Küste oder spezielle Tauchgänge mit Erklärungen der Unterwasserflora. Die zumeist jungen Mitarbeiter des Unternehmens sind mehrsprachig. Deutsche Gäste werden vornehmlich von Rosalía Reyes López oder Elisa Blanco Gestal betreut. Naturkundlich interessierte Teneriffa-Besucher kön-

Delfine in ihrer natürlichen Umgebung zu beobachten ist ein wunderbares Erlebnis. Anbieter wie Tenerife Dolphin (▶ S. 23) haben entsprechende Ausflüge im Programm.

nen sich für Ausflüge und Wanderungen spezielle Routen zusammenstellen lassen. Die mehr als 10-jährige Praxis hat dem Unternehmen eine solide, auch bei den Behörden bestens anerkannte Reputation verschafft.
Buenavista del Norte, Plaza de Los Remedios, 2 • Tel. 9 22 12 79 38 • www.elcardon.com

Tenerife Dolphin ▶ S. 119, E 19

Die Gewässer zwischen den Inseln La Gomera und Teneriffa sind ein beliebter Lebensraum für Delfine. Auch ihre großen Verwandten, die Pilot-, Grind- und Pottwale lassen sich hier nicht selten blicken. Beobachtungstouren mit Spezialschiffen führen zumeist in den Küstenbereich nahe San Juan, Los Gigantes, Masca-Schlucht. Vor dieser Steilküste ist die Chance am größten, auf Delphine bzw. Wale zu treffen.

Ab dem Hafen von Los Gigantes machen sich die »Nashorn Uno« und die »Gladiator U« (www.losgigantes.com/nashira.htm) zu solchen Beobachtungstouren auf. Eine weitaus größere Kapazität hat der Katamaran »Royal Delfin«/»Tropical Delfin«. Er besitzt einen Glasboden. Unterwasserkameras übertragen die Geschehnisse unter Wasser auf einen Bildschirm an Bord. Normalerweise dauern die Touren zwischen 2 und 4,5 Std. Auch ein Mittagessen mit Getränken in der Bucht vor der Masca-Schlucht kann gebucht werden. Die Abfahrt erfolgt ab Puerto Colón/Playa de las Américas. Rechtzeitige Platzreservierung ratsam.
Costa Adeje/Playa de las Américas, Centro Comercial Ocean Center 15 • Tel. 9 22 75 00 85 • www.tenerifedolphin.com • Tour (4,5 Std.) 50 €, Kinder 25 €

Einkaufen
Typische Delikatessen der Insel und kunsthandwerkliche Produkte zählen zu den originellsten Souvenirs. Unbedingt lohnt auch der Besuch der örtlichen Märkte mit ihrem reichen Angebot an regionalen Produkten.

◀ Deftiges frisch vom Markt: Metzgereistand auf dem Mercado de Nuestra Señora de África (▶ S. 42) in Santa Cruz.

Ehemals genossen die gesamten Kanarischen Inseln die steuerlichen Privilegien einer Freihandelszone mit entsprechend günstigen Preisen für bestimmte Luxus- und Konsumwaren. Diese rosigen Zeiten sind inzwischen vorbei. Die heute geltenden Steuer- und Zollbedingungen der Kanarischen Inseln führen aber nach wie vor dazu, dass etwa importierte Parfüms, Spirituosen, hochwertige Schaumweine, Zigaretten, elektronische Geräte oder Schmuck aus Asien in der Regel preiswerter als auf dem spanischen Festland oder in Deutschland zu haben sind.

Auf solche Importwaren haben sich zahlreiche Geschäfte im Zentrum von Santa Cruz und in Puerto de la Cruz spezialisiert. Sie werden meist – eine Tradition aus den Jahren der 1852 gegründeten Freihandelszone – von seinerzeit aus Asien eingewanderten Hindu-Familien betrieben. Neben Parfüms, Spirituosen (enorm große Auswahl an Whiskey-Marken) und Tabakwaren bieten diese Geschäfte häufig auch Seide, Uhren, Perlen und andere Artikel aus Asien an. Ein gründlicher Qualitäts- und Preisvergleich ist ratsam. Manche günstigen Markenartikel können sich als – allerdings oft täuschend echt aussehende – Fälschungen erweisen.

Köstlicher Ziegenkäse

Auf der Suche nach einem erlesenen **kulinarischen Mitbringsel**? Was könnte lohnen? Ginsterblüten-Honig aus der Teide-Region etwa. Oder Bananenlikör. Der angebotene Rum bzw. Rum mit Honig (»ron miel«) stammt meist von der Nachbarinsel La Palma, ebenso wie die von Kennern sehr geschätzten Zigarren. Im Süden Teneriffas wird in geringen Mengen Safran angebaut. Besonders delikat, ob frisch oder vollreif, ist der Ziegenkäse (»queso de cabra«). Er hält sich bei korrekter Lagerung und Verpackung viele Wochen. Bedeutende Erzeuger von Ziegenkäse gibt es in Arafo und Arico im Süden der Insel, aber auch in der Gegend von Güímar.

Weine mit Charakter

Wer sich für kompetent zubereitete Gewürzsaucen (»mojos«), Honig, Chutneys sowie Marmeladen und Konfitüren aus kanarischem Obst

MERIAN-Tipp

CASA TORREHERMOSA
▶ S. 67, b 1

Dieses auf Kunsthandwerk spezialisierte Geschäft in La Orotava wird vom Inselrat für Handwerkskunst betrieben und garantiert, dass alle Produkte von lokalen Erzeugern stammen. Angeboten werden bunt bestickte Tischdecken, Spitzendeckchen und andere Textilien, Keramik, Flechtarbeiten, Puppen, Holzobjekte. Sehr schön sind die handgefertigten Messer (»cuchillos canarios«), deren verzierte Griffe aus Kuhknochen und Ziegenhorn gearbeitet sind und in früherer Zeit bei den Arbeitern in den Bananenplantagen zum Einsatz kamen.
Calle Tomás Zerolo, 27, La Orotava • Tel. 9 22 33 40 13 • Mo–Fr 9.30–17, Sa 9.30–14 Uhr

interessiert, sollte sich die Markenbezeichnung »Delicias del Sol« merken. Diese allesamt hausgemachten Produkte – als Souvenirs gut geeignet – werden in einer kleinen Probierstube verkauft, die auf der Hauptstraße der Ortschaft Chio liegt. Schilder in deutscher Sprache verweisen auf die zwischen 10 und 15 Uhr geöffnete Lokalität.

Rot- und Weißweine gibt es auf Teneriffa in großer Zahl. Das umfassendste Sortiment hat die **Casa del Vino** in El Sauzal (Tel. 9 22 57 25 35; Mi–Sa 10–21.30, So 11–18, Fei 11.30–17.30 Uhr). Achtung: Teneriffa-Weine schmecken jung, also im Erntejahr oder im Jahr darauf, am besten. Sie sind oftmals nur begrenzt lagerfähig und überstehen den Transport nicht immer unbeschadet. Wer partout die eine oder andere Flasche mitnehmen möchte, bitte sehr. Zu Hause angekommen, sollte man jedoch bald prüfen, ob der Wein noch genießbar ist.

Volkstümliche Märkte

Rundweg und ohne Einschränkung lässt sich sagen: Einkaufen im Getümmel der Märkte von Santa Cruz, La Laguna und Tacoronte macht Laune und beschert ein besonderes Urlaubserlebnis. Obst, Gemüse, Käse, Kräuter, Gewürze, Fisch, Meeresfrüchte, Fleisch, Wurst, Blumen und Haushaltswaren werden angeboten, überdies Haustiere – Tauben, Hunde, Kaninchen, Hühner und Enten – und manch origineller Kleinkram.

Das spektakulärste Markttreiben bietet der **Mercado de Nuestra Señora de África** 2 in Santa Cruz (tgl. 14 Uhr, ▶ S. 42). In den Straßenzügen neben der Markthalle findet am Sonntagvormittag ein Flohmarkt – der *Rastro* – statt, der gleichfalls unbedingt erlebenswert ist. Der Markt an der Plaza del Cristo in **La Laguna** (MERIAN-Tipp, S. 26) ist an allen Werk-, Sonn- und Feiertagen (nur vormittags) geöffnet. Dagegen findet der farbenfrohe Bauernmarkt in **Tacoronte** (Carretera General de Tacoronte-Tejina, außerhalb des Zentrums, ▶ S. 57) nur samstags und sonntags von 9–14 Uhr statt.

Der Tourismus hat die Nachfrage nach typischen Handwerksartikeln gefördert. Zudem unterstützt die Inselregierung die Produktion und den Vertrieb kunstgewerblicher Erzeugnisse. Ein umfassendes Sortiment typischer Handwerkskunst findet man beispielsweise im **Centro de Artesa-**

MERIAN-Tipp 4

MERCADO IN LA LAGUNA

▶ S. 51, c 3

Die direkt an die Plaza del Christo angrenzende Markthalle bietet eine jederzeit reiche Auswahl an Gemüse, Obst, Fleisch, Fisch, Wein, Blumen etc. Angeboten werden auch Mojo-Saucen, Ginsterhonig aus der Teide-Region und Ziegenkäse in verschiedenen Reifestufen. In einem Nebentrakt kann man Haustiere – Tauben, Hühner, Enten, Gänse, Hunde, Kanarienvögel etc. – erwerben. Der Markt ist ein beliebter Treffpunkt der ortsansässigen Bürger und »das« Ereignis an jedem Vormittag in La Laguna, außerdem ist er der einzige Markt auf Teneriffa, der auch an Sonn- und Feiertagen geöffnet ist.
Plaza del Cristo/Avenida de Primo de Rivera • tgl. ca. 7–14 Uhr

Wer die prachtvolle Pflanzenwelt in unvergänglicher Ausführung mit nach Hause nehmen will, wird in vielen Kunsthandwerksläden, etwa in La Orotava (▶ S. 68), fündig.

nía in **Garachico** (Calle Estéban de Ponte, 5, ▶ S. 67), vor allem aber in der Ortschaft **La Orotava**. Hier empfehlen sich: die **Casa de los Balcones** (Calle San Francisco, 3, ▶ S. 70), die **Casa del Turista** (gegenüber der Casa de los Balcones, ▶ S. 70) und die **Casa Torrehermosa** (Calle Tomás Zerolo, 27, ▶ MERIAN-Tipp, S. 25). Neben echtem Kunsthandwerk von der Insel Teneriffa werden hier aber auch deutlich preiswertere Fabrikate angeboten.

Originelle Keramikwaren

Typisch für Teneriffa sind die aus Binsen und Weidenruten geflochtenen Körbe und andere Behältnisse sowie aus Stroh gefertigte Hüte und Flechtwaren aus Bananenblättern. Die verschiedenen Keramikobjekte sind häufig den Vorbildern der Guanchen nachempfunden. Vielfach werden Tongefäße nicht auf der Töpferscheibe, sondern mit der Hand geformt. Eine empfehlenswerte Lokalität für den Kauf solcher Keramik ist z. B. das **Centro Alfarero** in **Arguayo** (▶ S. 85). Zu den charakteristischen Textilien zählen gestickte Tischdecken, Trachten, Blusen, gewebte Leinentücher, Bettdecken sowie Lochstickerei und Spitzen (»calados« und »rosetas«). Letztere Artikel stammen meist aus der Ortschaft Vilaflor. Authentische Beispiele findet man etwa im dortigen **Mercado de Artesanía** (Carretera General de Arona). Da und dort stößt man auch auf handgemachte Lederwaren, Schmuck und Holzobjekte – manchmal aus Baumheide geschnitzt.

Empfehlenswerte Geschäfte und Märkte finden Sie bei den Orten im Kapitel
▶ **Unterwegs auf Teneriffa**.

Feste und Events
Sehr beliebt sind Prozessionen und Blumenfeste – und natürlich das bunte Treiben zum Karneval in Santa Cruz. Dazu gesellen sich die betont volkstümlichen Patronatsfeste.

◄ Der Karneval (▶ S. 29) markiert mit seinen farbenprächtigen Umzügen den Höhepunkt im jährlichen Festkalender.

JANUAR
Los Reyes Magos

Die Heiligen Drei Könige begeht man als Familienfest mit einem üppigem Essen und viel Geselligkeit. Traditionell werden nicht zu Weihnachten, sondern an diesem Tag die Kinder beschenkt. Es folgt ein spektakulärer Auftritt der Heiligen Drei Könige in Santa Cruz.
5./6. Januar

FEBRUAR
Virgen de Candelaria

Patronatsfest mit berühmter Prozession zu Ehren der schwarzen, wundertätigen Madonna des Wallfahrtsorts Candelaria.
Candelaria • 2. Februar

FEBRUAR/MÄRZ
Carnaval 3

Karneval wird auch in Los Cristianos, Tacoronte, Puerto de la Cruz und in anderen Ortschaften gefeiert. Der von Santa Cruz ist aber der weitaus größte und prächtigste. Ihm wird völlig zu Recht ein südamerikanisches Flair bescheinigt. Das karnevalistische Treiben beginnt bereits rund zwei Wochen vor Aschermittwoch. Der Höhepunkt mit pompösen Umzügen, Feuerwerk, Bällen, Straßenmusik, Tanzdarbietungen, Wahl der Karnevalskönigin und einem recht ausgelassenen nächtlichen Treiben im Zentrum von Santa Cruz (rings um die Plaza de España) liegt jedoch am eigentlichen Karnevalswochenende. Für die Kostümierung wird jedes Jahr ein anderes Thema bestimmt.
www.carnavaltenerife.com

MÄRZ
San Benito

Patronatsfest.
La Laguna • 2. März

San José

Patronatsfest.
La Guancha und El Tanque • 19. März

MÄRZ/APRIL
Semana Santa

Feierliche Karwoche mit sehenswerten Prozessionen in nahezu allen Orten. Besonders spektakulär gestaltet sich der Umzug jedoch in La Laguna.
Woche vor Ostern

APRIL
San Marcos

Patronatsfest.
Tegueste • 16. April

MAI
Fiestas de Mayo

Maifeste mit vielen kulturellen Veranstaltungen. Die Festivitäten beginnen am Vorabend des 3. Mai, dem Gründungstag von Santa Cruz 1493.
Santa Cruz • ab dem 2. Mai

San Isidro

Patronatsfest.
Granadilla, Las Mercedes und Valle de Guerra • 15. Mai

Los Realejos

Patronatsfest mit großer Romería.
Letztes Maiwochenende

JUNI
Fronleichnam in La Orotava
▶ MERIAN-Tipp, S. 31

San Pedro

Patronatsfest.
Güímar • 26.–29. Juni

Mitte August steht das Örtchen Garachico ganz im Zeichen der Romería de San Roque (▶ S. 30). Dann wird der hl. San Roque von der Küste bis zur Kirche getragen.

San Juan

Sonnenwend- bzw. Patronatsfest.
Arico, Güímar, Icod de los Vinos und Puerto de la Cruz • 24. Juni

JULI

Romería de San Benito Abad

Große Prozession unter Beteiligung vieler Studenten der Universität.
La Laguna • gewöhnlich am 2. Julisonntag

Nuestra Señora del Carmen

Patronatsfest, große Prozession.
Santa Cruz, Puerto de la Cruz, Los Realejos und in einigen anderen Ortschaften der Insel • 16. Juli

Conmemoración Batalla Nelson

Jahrestag der Niederlage des britischen Admirals Nelson bei Santa Cruz im Jahr 1797.
Santa Cruz • 25. Juli

AUGUST

Nuestra Señora de las Nieves

Patronatsfest.
Taganana • 3. August

Nuestra Señora de la Candelaria

Zeremonien zu Ehren der Patronin der Kanaren. Zehntausende pilgern zur schwarzen Madonnenfigur, die 1390 am Strand von Candelaria gefunden wurde. Gläubige bringen Blumenopfer dar. Feierliche Messfeier.
Candelaria • 15. August

Romería de San Roque

Farbenprächtiges Patronatsfest mit viel Folklore und einem Umzug mit mehr als 40 Ochsenkarren.
Garachico • 16. August

Nuestra Señora del Carmen

Patronatsfest.
Los Cristianos • 30. August

SEPTEMBER
Santa Bárbara
Patronatsfest. Dabei wird reichlich Wein aus den besten Lagen der Umgebung konsumiert.
Icod de los Vinos • letztes Monatsdrittel

Santísimo Cristo
Prozession und großes Feuerwerk.
La Laguna • 14. September

OKTOBER
Nuestra Señora de los Remedios
Historischer Jahrestag eines Gelübdes bzw. Patronatsfest.
Buenavista del Norte • 24. Oktober

NOVEMBER
Fiestas del Volcán
Volksfest in Erinnerung an den Ausbruch des Chinyero-Vulkans 1909.
Guía de Isora • 3. Sonntag des Monats

Fiesta de San Andrés.
Dieser Tag des hl. Andreas gilt allgemein als ein volkstümlicher Festtag, an dem der neue, junge, gerade erst vergorene Wein aus den diversen Anbaugebieten feierlich verkostet wird. Viele Bodegas öffnen an diesem Tag ihre Tore und laden zu Weinproben, traditionellem Essen und Geselligkeit ein. Nach altem Brauch werden zum jungen Wein frisch geerntete Esskastanien gereicht.
In den Weinbaugemeinden Icod de los Vinos, La Guancha, La Orotava, Tacoronte und La Victoria wird San Andrés besonders schwungvoll und ausgelassen gefeiert. Hier herrscht dann eine regelrechte Volksfeststimmung. Viele Familien mit Kindern genießen diesen Tag als eine willkommene Abwechslung vom Alltagsgeschehen. Wegen der Fiesta erweitert sogar das insulare Busunternehmen TITSA am 29. und 30. November seine Fahrdienste.
29. November

> **MERIAN-Tipp**
>
> **FRONLEICHNAM IN LA OROTAVA** ▶ S. 112, B 8
>
> Corpus Cristi, wie Fronleichnam in Spanien genannt wird, findet hier eine Woche später als das kalendarische Fronleichnamsfest statt. Nach einer Tradition aus dem Jahr 1247 legen die Frauen und Männer der Stadt auf dem Platz vor dem Rathaus aus vielfarbigem Vulkansand und Tausenden von Blumenblüten und -blättern einen grandiosen, rund 850 qm großen Teppich mit religiösen Motiven aus. Etwa einen Monat lang wird an diesem viel bestaunten Kunstwerk gearbeitet. Am Abend findet eine feierliche Prozession durch den Ort statt.

DEZEMBER
Los Realejos
Alljährliches Jazz-Festival.
Meist Anfang Dezember

La Laguna
Traditionelles Chortreffen mit kanarischen und ausländischen Chören.
Anfang bis Mitte Dezember

Navidad
Das Weihnachtsfest wird mit einer Christmette, Feuerwerk, Musikdarbietungen und der Installation von mehr oder weniger großen Krippen (»belenes«) begangen.
Um den 24. Dezember

Sport und Strände
Aktivurlauber im Glück: Für alle Arten von Wassersport sind die Bedingungen vorzüglich. Aber auch Wanderer finden hier eine Vielzahl attraktiver Routen durch eine faszinierende Natur.

◀ Spektakuläre Lage mit atemberaubendem Panoramablick über den Atlantik: Abama Golf & Spa Resort (▶ S. 33).

Nicht wenige der großen Hotels verfügen über ihre eigenen Tennisplätze, Swimmingpools und Saunas. Bei Bedarf vermitteln sie gerne den Kontakt zu Agenturen, bei denen man spezielle sportliche Aktivitäten buchen kann. Eine Handvoll Hotels stellt den Gästen darüber hinaus eigene Fitness- oder Gymnastikeinrichtungen zur Verfügung, beispielsweise das Tierra de Oro in Los Realejos, das Oceano in Punta del Hidalgo, das Bougainville Playa in Playa de las Américas oder die Hotels Semiramis, Atalaya oder La Chiripa in Puerto de la Cruz.

GOLF

Allgemeine Informationen zu Golfsport und Golfplätzen findet man unter: www.tenerifegolf.es bzw. web tenerife.com.

Abama Golf ▶ S. 118, C 17

Teil einer Hotelanlage. Der anspruchsvolle Parcours wurde von Dave Thomas entworfen. 18 Löcher. Dazu zählen 25 000 Bäume, außerdem Seen, Wasserfälle und tropische Pflanzen. Schöner Blick auf den Atlantik.
Guía de Isora, Playa San Juan, Ctra. General TF-47, km 9 • Tel. 9 22 12 60 00 • www.abamahotelresort.com

Buenavista Golf ▶ S. 114, B 10

Im äußersten Nordwesten gelegener Golfplatz, der 2004 eingeweiht wurde. Klimatisch sehr günstige und landschaftlich reizvolle Lage zwischen dem Teno-Massiv und dem Atlantik.
Buenavista del Norte • Tel. 9 22 12 90 34 • www.buenavistagolf.es

Centro de Golf Los Palos
 ▶ S. 119, F 18

9-Loch-Anlage, besteht seit 1994.
Arona, Salida 26, Autopista del Sur, Las Galletas, km 7 • Tel. 9 22 16 90 80 • www.golflospalos.com • tgl. 8–20 Uhr

Golf Costa Adeje ▶ S. 119, E 18

Vom renommierten spanischen Architekten Pepe Gancedo recht sensibel in die umliegende Landschaft integrierter Parcours. 800 000 qm groß, 27 Löcher, Driving Range, dazu Bar, Restaurant. Man genießt reizvolle Blicke über Land und Meer.
Adeje, Finca Los Olivos s/n • Tel. 9 22 71 00 00 • www.golfcostaadeje.com

Golf del Sur ▶ S. 120, A 22

27-Loch-Anlage mit Clubhaus, Restaurant und weiteren Einrichtungen – aber nur für Golfer mit offiziellem Handicap (Herren 28, Damen 36). Auch internationale Turniere.
San Miguel de Abona, Autopista del Sur, km 61,5 • Tel. 9 22 73 81 70 • www.golfdelsur.net

El Peñón-Real Club de Golf de Tenerife ▶ S. 113, E 6

18-Loch-Anlage, offen auch für Nicht-Mitglieder, Leihmöglichkeit für Ausrüstung (Mo–Fr 9–13 Uhr).
Guamasa-Tacoronte (nahe Los-Rodeos-Nordflughafen) • Tel. 9 22 63 66 07 • www.realgolfdetenerife.com

REITEN

Centro Hípico del Sur ▶ S. 119, F 18
Carretera Buzanada, km 3, Arona • Tel. 9 22 72 06 43

Club Hípico La Atalaya
 ▶ S. 110, A 3
La Hoya del Camello s/n, La Laguna • Tel. 9 22 25 14 10

SEGELN

Informationen in den Sporthäfen:

Escuela Náutica ▶ S. 110, B 3
Santa Cruz (Hafen) • Tel. 9 22 27 77 65

Puerto Deportivo Colón
▶ S. 119, E 18
Siedlung San Eugenio, Adeje •
Tel. 9 22 71 41 63

Real Club Náutico ▶ S. 110, B 3
Avenida de Anaga s/n, Santa Cruz •
Tel. 9 22 24 35 20

TAUCHEN

Barakuda Club Tenerife
▶ S. 119, D 18
Lago Playa Paraíso (nörd. v. Playa de las Américas) • Tel. 9 22 74 18 81 •
h.scheffler@divers-net.de

Diving Coral-Sub ▶ S. 119, F 20
Hotel Parque Teubel, Las Galletas •
Tel. 9 22 73 09 81

Tauchschule Atlantik ▶ S. 112, A 7
Für Anfänger und Fortgeschrittene gleichermaßen zu empfehlen. Verleih von Ausrüstung, Tauchlizenz-Kurse, Nachttauchgänge, Jugendschnorchelkurse. Es wird Deutsch gesprochen, und die Schule wird zudem als deutsche Tauchbasis anerkannt.
Hotel Maritim, Puerto de la Cruz •
Tel. 9 22 36 28 01

TENNIS

Arenas ▶ S. 112, A 7
Zwei Sandplätze, Profi-Trainer.
Carretera de las Arenas s/n, Puerto de la Cruz • Tel. 9 22 37 46 06

Miramar ▶ S. 112, B 8
Vier Granulatplätze, Tenniskurse, Tennis-Boutique, Spielpartner-Vermittlung, dazu steht ein klimatisiertes Schwimmbad bereit.
La Romantica II, Los Realejos •
Tel. 9 22 36 40 08

Tenniscenter Florida ▶ S. 119, F 19
3-Platz-Anlage, Flutlicht, Swimmingpool, deutsche Leitung.
Valle de San Lorenzo •
Tel. 9 22 76 62 35

WANDERN

Täglich werden kostenlose Führungen durch den Teide-Nationalpark organisiert. Anmeldung und Infos:

Centro de Visitantes El Portillo
▶ S. 116, B 15
Nahe der Kreuzung C-824 mit C-821 an der Zufahrt zum Nationalpark •
Tel. 9 22 29 01 29

Centro de Visitantes ▶ S. 116, A 16
Cañada Blanca (neben dem Parador-Hotel) • Tel. 9 22 69 40 72

AGENTUREN FÜR WANDERUNGEN, TREKKING UND EXKURSIONEN
Alpinschule Innsbruck
▶ S. 112, A 7
Hotel Riu Bonanza, Urb. La Paz s/n, Puerto de la Cruz • Tel. 9 22 38 11 00, 9 22 38 11 08

El Cardón ▶ S. 114, B 10
Buenavista del Norte, Plaza de Los Remedios, 2 • Tel. 9 22 12 79 38 •
www.elcardon.es

Gaiatours ▶ S. 116, B 13
Calle San Agustín, 48, Los Realejos •
Tel. 6 56 94 63 70 • www.gaiatours.es

Senderismo Gregorio ▶ S. 116, B 13
Puerto de la Cruz • Tel. 9 22 38 35 00 •
www.gregorio-teneriffa.de

Sport und Strände

Teneriffa aktiv ▸ S. 116, B 13
MTB Adventures & Wandern auf Teneriffa, Puerto de la Cruz • www.teneriffa-aktiv.com

Wandern mit Alexandra und Katja
▸ S. 112, C 7
Santa Ursula (La Quinta) • Tel. 9 22 33 76 98 • www.wandertouren-teneriffa.de

WINDSURFEN

Centro Windsurf ▸ S. 120, C 23
El Médano • Tel. 9 22 17 62 40

Hotel Playa Sur Tenerife
▸ S. 120, C 23
La Plaza, 118, El Médano •
Tel. 9 22 17 61 20

Sunwind ▸ S. 120, C 23
Avenida Islas Canarias s/n,
El Médano • Tel. 9 22 17 61 74

STRÄNDE

Die meisten Strände bestehen aus dunklem Vulkansand. Weitläufige Strände aus feinem hellen Sand gibt es nur wenige, etwa im Bereich von Playa de las Teresitas, El Médano und Los Cristianos/Playa de las Américas. Hier ballt sich dann der Badebetrieb.

Bahía de la Garañona ▸ S. 112, C 6
Schöner, entlegener, ruhiger Strand an der steilen Felsküste im Norden. Keine Infrastruktur. Junges Publikum und Sonnenanbeter, die ungestört sein wollen. Nur nach längerem Fußweg von Mesa del Mar aus erreichbar.

El Médano ▸ S. 120, C 23
Berühmtes Surferzentrum mit reichlich Wind. Achtung: oft störender Flugsand. Sehr empfehlenswert, weil sauber und wenig bevölkert, sind die hellsandigen Strände Playa de la Tejita, südwestlich von El Médano, und v. a. Playa de la Rajita, nordöstlich von El Médano. Beide bieten deutlich mehr Ruhe und Beschaulichkeit als der Hauptstrand Playa del Médano.

Playa de las Américas ▸ S. 119, E 19
Gigantisches Zentrum des Massentourismus. Viele Hotels, Restaurants und Vergnügungsstätten aller Art. Mehrere breite, künstlich angelegte Sandstrände, die künftig zu einer einzigen Strandzone von rund 1400 m Länge ausgebaut werden sollen.

Playa de Benijo ▸ S. 110, C 1
Reizvoller, entlegener und außerhalb der Saison wenig bevölkerter Sandstrand nahe Benijo an der Nordküste des Anaga-Gebirges. Die etwas längere Anfahrt führt von La Laguna über Las Mercedes, Taganana und Almáciga. Es gibt keinerlei Infrastruktur.

Playa de los Cristianos
▸ S. 119, E 19
Der Hausstrand der Touristenhochburg Los Cristianos: ca. 400 m lang, feiner, heller Sand. Die Hafenmauer schützt gegen die Brandung und gefährliche Strömungen. Auch Kinder tummeln sich hier gefahrlos im Wasser. Bei Badewetter stets reger Betrieb.

Playa de las Teresitas ♥♥
▸ S. 111, D 3
Etwa 9 km nördlich der Hauptstadt gelegen. Der goldgelbe Sand stammt aus der Sahara und wurde einst mit Frachtschiffen herbeigeholt. Wellenbrecher schützen vor gefährlicher Strömung und hoher Brandung. Las Teresitas gilt als Hausstrand der Bevölkerung von Santa Cruz. An Sommerwochenenden, vor allem sonntags, herrscht dichter Rummel.

Familientipps
Neben Sonne, Strand und Meer locken Vergnügungsparks mit exotischen Tieren und tropischen Pflanzen. Auch Wasserparks und Ausflüge auf dem Rücken von Kamelen bieten Abwechslung.

Familientipps

◀ Der Haifischtunnel ist nur eine von vielen Attraktionen in Teneriffas spektakulärem Erlebnispark Loro Parque (▶ S. 37).

Aqualand Costa Adeje
▶ S. 119, E 19

Kindgerechtes Badeareal mit zahlreichen Variationen. Plantsch- und unterschiedlich tiefe Schwimmbecken, Wasser- und Wildwasserrutschbahn. Spektakuläre Reise in einem Doppelschwimmreifen (Boomerang). Mehrfach preisgekrönte Delfinshows.
San Eugenio Alto/Playa de las Américas • Tel. 9 22 71 52 66 • www.aqualand.es • tgl. 10–18 Uhr • Eintritt 18 €, Kinder 12 €

Camello Center
▶ S. 115, D 10

Ausflüge auf dem Kamelrücken. Angeschlossen ist auch ein Restaurant.
El Tanque, Carretera del Norte, 4 • Tel. 9 22 13 61 91 • www.camellocenter.com • Eintritt 8 €, Kinder 4 €

Jungle Park
▶ S. 119, F 18

Rund 75 000 qm großer Park mit üppiger Vegetation und vielen Tieren: u. a. Pinguine, Krokodile, Elefanten und Flusspferde. Familien mit Kindern finden hier mühelos Unterhaltungsangebote für einen ganzen Urlaubstag. Hauptattraktionen sind die große Freiluftshow mit Greifvögeln sowie ein sehr seltener weißer Löwe.
Las Águilas del Teide, Arona • Tel. 9 22 72 90 10 • www.aguilasjunglepark.com • tgl. 10–17.30 Uhr • Eintritt 24 €, Kinder 16 €

Loro Parque ⭐
▶ S. 112, A 7

Riesiger Vergnügungspark mit der größten Papageien- und Pinguinkolonie der Welt. Außerdem gibt es in dem etwas außerhalb von Puerto de la Cruz gelegenen Park subtropische Pflanzen, Wasserfälle, Gorillas, Tiger, Delfine, Seelöwen, Haifische, ein thailändisches Dorf und vieles mehr. Das Angebot ist äußerst vielfältig und abwechslungsreich, die Eintrittspreise (31,50 € für Erwachsene und 20,50 € für Kinder) sind allerdings beträchtlich (▶ S. 60).

Oasis del Valle
▶ S. 116, C 13

Nahe La Orotava gelegener Freizeitpark mit Gärten, Obstbäumen und tropischen Pflanzen. Ausritte per Pony oder Kamel durch den Park.
El Ramal, Trasera Camino Torreón 2, Orotava • Tel. 9 22 33 35 09 • www.oasisdelvalle.com • tgl. 10–17 Uhr • Eintritt inkl. Kamelritt 12 €

Pueblochico
▶ S. 116, C 13

20 000 qm großer Freizeitpark, in dem typische Landschaften, Monumente und Gebäude der Kanarischen Inseln im Maßstab 1:25 nachgebaut worden sind.
Autopista del Norte, Ausfahrt 35, Camino Cruz de los Martiollos 62, Orotava • Tel. 9 22 33 40 60 • www.pueblochico.com • tgl. 9–18 Uhr • Eintritt 12,50 €, Kinder 6,50 €

Siampark
▶ S. 119, E 19

Angeblich der größte Wasserpark in ganz Europa. Geboten wird ein asiatisch anmutendes Märchenland mit gigantischen Wasserrutschen und verschiedenen Wasserspielen.
Avenida Siampark s/n, Playa de las Américas/Costa Adeje • Tel. 9 02 06 00 00 • www.siampark.net • tgl. 10–17, im Sommer bis 18 Uhr • Eintritt 28 €, Kinder 18 €

👪 Weitere Familientipps sind durch dieses Symbol gekennzeichnet.

Kleine gemauerte Pfade führen zum Naturschwimmbecken bei Garachico (▶ S. 65). Das Meerwasser schießt und schäumt in die dazwischen liegenden Kanäle.

Unterwegs
auf Teneriffa

Top-Reiseziel und zugleich Naturparadies: Auf Teneriffa sind diese Extreme oft nur wenige Kilometer voneinander entfernt. Entdecken Sie eine vielgestaltige Insel!

Santa Cruz de Tenerife
Gerade die geschäftige Normalität macht Teneriffas weltoffene Kapitale mit ihrem gemütlichen Ambiente erlebenswert. Hier spürt man wenig vom andernorts allgegenwärtigen Tourismus.

◂ Das Auditorio de Tenerife (▸ S. 47) ist seit seiner Eröffnung 2003 zum neuen Wahrzeichen der Stadt aufgestiegen.

Santa Cruz de Tenerife

▸ S. 110, B 3

222 000 Einwohner
Stadtplan ▸ Klappe hinten

Santa Cruz, so die gebräuchliche Kurzform des Namens, hat einen markanten Charme, den nur unzureichend begreift, wer sich lediglich für ein paar Stunden hierher zum Einkaufen begibt und sich dann flugs wieder in die Urlaubsmetropolen an der Nord- oder Südküste zurückzieht. Nein, mit Puerto de la Cruz oder Playa de las Américas hat Santa Cruz wirklich nichts gemein. Die Provinz- und Inselhauptstadt, Hafen-, Industrie-, Verwaltungs- und Handelsmetropole hat sich eine Gemütlichkeit und Vitalität bewahrt, die nicht den Anforderungen des Massentourismus' unterworfen ist, sondern ihren eigenen Rhythmen folgt.

In den zur Plaza de España hin abschüssig verlaufenden Straßen, Promenaden und Gassen konzentriert sich eine Vielzahl von Einzelhandelsgeschäften mit einem interessanten Warenangebot. Rings um die Plaza de la Candelaria haben nicht wenige Einwanderer aus Indien ihre Läden etabliert, in denen preiswerte Spirituosen, Schmuck, Tabakwaren, Parfüms, Unterhaltungselektronik, Uhren und Textilien, zumeist in Asien gefertigt, angeboten werden.

Vielleicht noch mehr Einkaufslaune macht der Zentralmarkt **Nuestra Señora de África** 2. Auf zwei Etagen werden in diesem architektonisch sehenswerten Marktgebäude Früchte, Fisch und Fleisch, Gemüse, Käse und Haustiere, Kurzwaren, Gewürze und Blumen gehandelt. Und dies – täglich bis etwa 15 Uhr – in einem munteren, anregenden Menschengetümmel. Auf diesem volkstümlichen Markt wird es im Nu gelingen, sich mit der emsigen, quirligen Metropole Santa Cruz anzufreunden.

Und wer die neue Sympathie zur Hauptstadt der Insel vertiefen möchte, wechsle hinüber in den **Parque Municipal García Sanabria**, ein veritables Prachtexemplar von Park mit vielen tropischen und subtropischen Bäumen, Skulpturen und Flanieralleen. An Sommerabenden verlagert sich der ausgeprägte Sinn der Hauptstadtbevölkerung nach Erholung und Geselligkeit im Kreis von Familie oder Freunden hierher oder auf die nahebei gelegene **Rambla**, eine lange und breite – freilich verkehrsreiche – Straße mit ungezählten Terrassencafés, großen Bäumen und originellen Skulpturen auf dem Mittelstreifen. Das geschäftige Santa Cruz ist zweifellos der vitalste, der schwungvollste Ort der Insel. Berühmt ist insbesondere der Karneval von Santa Cruz im Februar bzw. März. Dann steht die ganze Stadt Kopf. Nirgendwo sonst auf der Insel erreicht das karnevalistische Treiben eine solche südländische Ausgelassenheit wie in Santa Cruz.

SEHENSWERTES

Iglesia de Nuestra Señora de la Concepción ▸ Klappe hinten, d 5

Den Kirchenbau ließ der kastilische Konquistador Alonso Fernández de Lugo Ende des 15. Jh. errichten. Nach einem Brand 1653 wieder aufgebaut, stellt die fünfschiffige Kirche seither das markanteste Gotteshaus der Hauptstadt dar. Das Innere birgt diverse Barockkunstwerke, das Holzkreuz des Eroberers de Lugo (von diesem Kreuz ist der Name der Stadt Santa Cruz abgeleitet) sowie einige 1797 beim Kampf gegen den britischen Admiral Lord Nelson erbeutete Flaggen und Standarten.

Avenida de Bravo Murillo/Plaza de la Iglesia (nahe der Plaza de España)

Iglesia de San Francisco
▸ Klappe hinten, e 3/4

Die dreischiffige Kirche an der Plaza de San Francisco repräsentiert den typischen Barockstil des 17. Jh. Sehenswert im Innern sind die Altaraufsätze aus dem 17. und 18. Jh., ein Gemälde des hl. Josef am Sankt-Josef-Altar sowie eine barocke Ecce-Homo-Figur (Señor de las Tribulaciones), die von einem anonymen Künstler aus Sevilla stammt und jedes Jahr am Dienstag in der Karwoche im Rahmen einer Prozession durch die Stadt geführt wird.

Plaza de San Francisco/Calle de Villalba Hervás

Mercado de Nuestra Señora de África 2 ▸ Klappe hinten, c 5

Der bunte, stets von Trubel erfüllte Wochenmarkt wird auf zwei Etagen in einem architektonisch originellen Gebäude veranstaltet. Unter den Einheimischen werden Markt und Bauwerk gewöhnlich als »La Recova« bezeichnet. La Recova wurde von José Enrique Marrero Regalado entworfen und 1943 eingeweiht und kombiniert neokanarische Kolonialarchitektur mit maurisch-andalusischen Elementen. Das aus drei Innenhöfen bestehende Gebäude wird von einem hohen Uhrenturm überragt.

Bei der großen Auswahl auf dem Markt hat man die Qual der Wahl: Kaktusfeigen oder Bohnen aus La Orotava, Ziegenkäse, Honig, diverse Mojo-Saucen, Safran oder ein aus Bast geflochtener Sonnenhut? Oder lieber Wein, getrocknete Feigen aus La Gomera, Schnittblumen, Prachtfinken, frische Kräuter, Avocados oder Mandeln? Das äußerst vielgestaltige Sortiment des Marktes konzentriert sich auf Lebensmittel der Region und Haushaltswaren.

Calle de San Sebastián (nahe Plaza Santa Cruz de la Sierra) • Mo–Sa ca. 7–15 Uhr

MUSEEN

Museo de la Naturaleza y el Hombre 5 ▸ Klappe hinten, d 5

Das große Museum (40 000 qm Ausstellungsfläche) mit seinen umfassenden Sammlungen zur Natur- und Kulturgeschichte Teneriffas ist im Gebäude des einstigen Zivilhospitals untergebracht. Zahlreiche archäologische Funde, Mumien, Schädel und Handwerkszeug aus der Epoche der Guanchen-Ureinwohner. Dazu reichhaltige Informationen zur Besiedlung Teneriffas sowie zur Wirtschafts- und Sozialgeschichte der Guanchen. Eine eigene Abteilung befasst sich mit der regionalen Naturgeschichte.

Calle Fuente Morales/Avenida de Bravo Murillo • Tel. 9 22 53 58 16 • www.museasdetenerife.com • Di–So 9–19 Uhr • Eintritt 3 €, So Eintritt frei

Museo Militar de Canarias
▸ Klappe hinten, f 1

Das Museum widmet sich der Militärgeschichte der Kanaren. Kanonen, Standarten, Karten, Gemälde, Uniformen, Schiffsmodelle und Waffen vom 15. bis zum 20. Jh. Eindrucksvoll dokumentiert ist hier die erfolgreiche Verteidigung von Santa Cruz gegen die britischen Angreifer unter Führung von Lord Nelson 1797.
Calle de San Isidro, 1 • Tel. 9 22 84 35 00 und 9 22 27 42 24 • Di–So 10–14 Uhr • Eintritt frei

Tenerife Espacio de Artes (TEA)
▸ Klappe hinten, d 5

Neues ambitioniertes Kunstmuseum in der Altstadt. Avantgardistisches Gebäude, gestaltet von den Architekten Jacques Herzog, Pierre de Meuron und Virgilio Gutiérrez. Die von der Inselregierung betriebene Institution konzentriert sich auf zeitgenössische Kunst und will durch Sonderausstellungen auf sich aufmerksam machen.
Avenida de San Sebastián 10 • www.teatenerife.es • Di–So 10–20 Uhr • Eintritt 5 €

SPAZIERGANG

Wir beginnen unseren Stadtrundgang im Zentrum des Zentrums, also auf der belebten **Plaza de España** bzw. der angrenzenden Plaza de la Candelaria, und schlendern weiter auf der **Calle del Castillo**, die sich mit leichter Steigung bis hinauf zur Plaza de Weyler erstreckt. Fast 1 km lang ist diese bedeutendste Einkaufsstraße von Santa Cruz de Tenerife. Rechts und links reiht sich ein Geschäft an das andere: Modehäuser, Boutiquen, Läden mit Delikatessen oder Souvenirwaren, Buchhandlungen, Konditoreien und Cafés. Am späten Nachmittag bzw. frühen Abend bewegt man sich hier im Gedränge der Pas-

Die naturgeschichtliche Abteilung des Museo de la Naturaleza y el Hombre (▸ S. 42) vermittelt einen guten Überblick über Geologie, Klima, Flora und Fauna des Archipels.

MERIAN-Tipp

PARQUE MUNICIPAL GARCÍA SANABRIA
▶ Klappe hinten, d 1/2

Der heute mehr als 67 000 qm große Stadtpark geht auf eine Initiative aus dem Jahr 1922 zurück und wurde nach dem damaligen Bürgermeister Santiago García Sanabria benannt. Den gepflegten Park, beliebt auch bei Familien mit Kindern, zieren Brunnen, eine Blumenuhr sowie Monumente allegorischer Figuren. Eine Betrachtung wert sind auch die mächtigen alten Bäume, darunter u. a. riesige Araukarien, Tamarinden, Palmen, Jacaranda-, indische Lorbeer-, Flamboyant-, Pandanus- und Hibiskusbäume.
Zwischen Rambla del General Franco und Calle Méndez Núñez

---

santen. Wer mag, werfe einen Blick in die Seitengassen, wo sich gleichfalls viele Geschäfte angesiedelt haben. Östlich der Plaza de Weyler biegen wir in die Calle Méndez Núñez ein, um nach ca. 500 m den Rand des attraktiven Stadtparks **García Sanabria** (▶ MERIAN-Tipp, S. 44) zu erreichen. Nach diversen Einkäufen tut es jetzt wohl, dem Trubel der Passanten entflohen zu sein und sich in dieser weitläufigen Parkanlage mit ihren Schatten spendenden Bäumen, Ruhebänken, Brunnen und Skulpturen ein wenig zu erholen. Die subtropische und tropische Vegetation dieser Oase ist wirklich sehenswert.
Am oberen Ende des Parks gelangen wir auf die **Rambla**, wo sich auf dem von uralten Bäumen flankierten Mittelstreifen viele Terrassencafés angesiedelt haben. Schlendern wir noch gemächlich weiter bis zur **Plaza de la Paz**? Gewiss. Lokalitäten, um sich ein Erfrischungsgetränk zu genehmigen und den Spaziergang würdig zu beschließen, gibt es hier wahrlich genug.
Dauer: ca. 3 Std.

ÜBERNACHTEN

Contemporáneo ▶ Klappe hinten, d 1
Günstige City-Lage • Das Hotel liegt an der verkehrsreichen Rambla gegenüber dem Hotel Mencey und nahe dem Parque Municipal García Sanabria. Ein modern ausgestatteter Zweckbau mit Solarium und Hydromassage. Drei Sterne.
Rambla Santa Cruz, 116 • Tel. 9 02 12 03 29 • www.hotelcontemporaneo.com • 150 Zimmer • €€€

Taburiente ▶ Klappe hinten, d 1
Blick über die Stadt • Direkt am Parque Municipal García Sanabria gelegenes Drei-Sterne-Haus mit äußerst freundlichem Service. Gruppen und Geschäftsleute sind in der Überzahl, wenig Auslandstouristen. Die Ausstattung der Zimmer ist nicht gerade geschmackvoll und teilweise renovierungsbedürftig. Der Clou des Hotels: Whirl- und Swimmingpool auf dem Dach des Hochhauses mit grandiosem Blick über Santa Cruz.
Doctor José Naveiras, 24 • Tel. 9 22 27 60 00 • www.hoteltaburiente.com • 116 Zimmer • €€/€€€

ESSEN UND TRINKEN

Amós ▶ Klappe hinten, a 1
Kanarische Rezepte • Untergebracht in einem historischen Gebäude mit reizvollem Blick über die Stadt. Elegante Einrichtung. Kreativ verfeinerte kanarische Küche auf hohem Niveau und fantasievolle Desserts.

Calle Poeta Tomás Morales, 2 • Tel. 9 22 28 50 10 • So und im Aug. geschl. • €€€

El Coto de Antonio
▸ Klappe hinten, a 1/2

Delikate Kreationen • Das Restaurant hat sich zu einem der renommiertesten im Norden Teneriffas entwickelt. Beste Primärprodukte teilweise aus eigenem Anbau, verfeinerte kanarische Traditionsrezepte. Vorzügliche Salate, Fisch- und Ziegenfleischgerichte. Herausragend: die Languste mit schwarzen Kartoffeln (»papas negras«) oder der Avocadosalat mit Glasaalen und Lachs.
Calle General Goded, 13 • Tel. 9 22 27 21 05 • So und 3 Wochen im Aug. geschl. • €€€

Café del Príncipe
▸ Klappe hinten, d 3

Hausmannskost • Zentrale Lage, gemütliche Jugendstil-Einrichtung. Auf den Tisch kommen traditionelle kanarische Kaninchen- und Fischgerichte. Hausgemachte Desserts.
Plaza del Príncipe de Asturias • Tel. 9 22 27 88 10 • Mo geschl. • €€

Los Troncos ▸ Klappe hinten, a 1
Populär und preiswert • Das Lokal ist seit mehr als 20 Jahren ein Klassiker. Solide kanarische Speisen, auch kastilische und baskische Spezialitäten zu einem günstigen Preisniveau. Freundliche Bedienung.
Calle General Goded, 17 • Tel. 9 22 28 41 52 • Mi, So (abends) und Mitte Aug.–Mitte Sept. geschl. • €€

EINKAUFEN
La Casa de los Calados
▸ Klappe hinten, d 3

Ein kleines, alteingesessenes Fachgeschäft für traditionell verarbeitete Textilien im kanarischen Stil. Im Sortiment sind handbestickte Tischdecken, Schulter- und Kopftücher, Folkloreblusen und schöne Fächer. Zuvorkommende Beratung.
Calle del Castillo, 61

Charcutería-Bar Jabugo
▸ Klappe hinten, a/b 2

Spanische und kanarische Delikatessen, darunter Weine, Spirituosen, Jabugo-Schinken aus Huelva, Ziegenkäse. Für Hungrige gibt es delikate Happen an der Bar. Von ortsansässigen Gourmets gerne besucht.
Rambla de Pulido, 43

MERIAN-Tipp

HOTEL MENCEY
▸ Klappe hinten, d 1

Luxuriös und elegant, für viele Kenner das stilvollste Traditionshotel der Insel, an der Rambla etwas außerhalb des Zentrums gelegen. Ein animierendes Ambiente für die begüterte Elite. Schon das äußerst solide, geradezu wehrhaft anmutende Gebäude (früher der Sitz des Militärgouverneurs General García Escámez) repräsentiert auf authentische Weise hochherrschaftliche kanarische Architektur. Stilbewusster Luxus herrscht im Innern: antike Möbel, viel Marmor, nobler Dekor. Anspruchsvolles Restaurant, Bar, Boutique, Tennisplatz. Weiträumiger, vegetationsreicher Innenhof (eine Oase der Ruhe) mit Pool. Fünf Sterne.
Doctor José Naveiras, 38 • Tel. 9 22 60 99 00 • www.iberostar. com • 286 Zimmer (inkl. Suiten) • ♿ • €€€€

Braunschwarze Felsen und feiner Saharasand kennzeichnen die Playa de las Teresitas bei San Andrés (▶ S. 47). Einige kleine Lokale und Bars sorgen für das leibliche Wohl.

La Garriga ▶ Klappe hinten, d 3

Kleines, eher von Einheimischen bevorzugtes Geschäft für erlesene Spezialitäten. Schinken, Käse, Wurst, dazu zahlreiche kanarische Weine und viele Brandy- und Whiskysorten.
Calle de Pérez Galdós, 19

M. Art-Mercado de Artesanía Española ▶ Klappe hinten, e 4

Handwerksprodukte, Kunstgewerbe und andere Produkte der Kanaren und des Festlands. Textilien, Fächer, Schmuck, Keramik etc. Großes Angebot, aber wenig wirklich Originelles.
Plaza de la Candelaria, 8

Rastro ▶ Klappe hinten, c 5/6

Der viel besuchte und rundweg erlebenswerte Sonntagsflohmarkt findet in den Straßenzügen neben dem **Mercado de Nuestra Señora de África** (▶ S. 42), vor allem in der Calle José Manuel Guimerá, statt. Händler und Privatpersonen bieten Trödel, Gebrauchtwaren, Antiquitäten und Raritäten an: Bücher, Münzen, Militaria aus der Franco-Zeit, Comics, Zigarren, Schmuck, historische Ansichtskarten, Briefmarken und betagten Hausrat. Stöbern und Handeln werden hier zum Vergnügen. Allerbesten kubanischen Rum kann man ebenso aufstöbern wie historische Teneriffa-Fotos, mexikanische Pistolentaschen oder Sombreros. Angelzubehör, Holzskulpturen aus Afrika oder Salsa-Kassetten aus der Karibik. Viele Raritäten.
Calle José Manuel Guimerá und angrenzende Straßenzüge • So ca. 7–15 Uhr

WUSSTEN SIE, DASS …

… zwischen Mai und November ein Wein-Autobus (Guagua del Vino) über die Insel fährt? Er verkehrt auf acht Routen zwischen verschiedenen Bodegas und Restaurants. Touristen können zusteigen.

La Salmantina ▸ Klappe hinten, b 2
Große Auswahl an spanischen Weinen. Hochwertiges Sortiment und sachkundiger Service.
Calle 18 de Julio, 27 • Tel. 9 22 24 29 00

Tabaquería Central
▸ Klappe hinten, d 4

Stadtbekannte Tabakwarenhandlung, eingerichtet im Stil längst verklungener Zeiten. Hier mag man kubanische, andere karibische und kanarische Zigarren (La Palma) erstehen.
Calle de Imeldo Serís, 23

AM ABEND
Auditorio de Tenerife
▸ Klappe hinten, südl. d 6

Vom Stararchitekten Santiago Calatrava geschaffener Konzertsaal mit einem Fassungsvermögen von fast 1700 Personen. Avantgardistische Architektur mit einem 60 m hohen Segel aus Beton. Viele Konzerte, Opern und andere Kulturveranstaltungen.
Avenida Constitución, 1 • Tel. 9 22 56 86 00 • www.auditoriodetenerife.com

Casino de Santa Cruz
▸ Klappe hinten, d 1

Das Spielkasino logiert im Erdgeschoss des Hotels Mencey. Amerikanisches Roulette, Black Jack, Poker, Spielautomaten. Freitag und Samstag ab 24 Uhr Livemusik und Shows.
Rambla Santa Cruz, 105 • Tel. 9 22 29 07 40 • www.casinos-tenerife.com • tgl. 18–5 Uhr

SERVICE
AUSKUNFT
Oficina de Turismo
▸ Klappe hinten, e 4/5

Plaza de España (Cabildo Insular) • Tel. 9 22 23 95 92, 9 22 23 98 97 und 9 22 23 91 11

Touristen-Informationstelefon
Tel. 9 02 00 31 21

VERKEHR
Busbahnhof ▸ Klappe hinten, b/c 6
Avenida 3 de Mayo • 24-Std.-Info-Tel. 9 22 53 13 00, 9 22 21 81 22, 9 22 21 56 99

Ziele in der Umgebung
◎ Igueste de San Andrés
▸ S. 111, D 2

An diesem am Fuß des Anaga-Gebirges gelegenen Küstendorf mit ca. 700 Einwohnern endet die Straße nach Nordosten. Stille allerorten, kleine Bauerngärten, gepflegte Häuser, eine Pfarrkirche, eine Bar, Bananen-, Mango- und Avocadokulturen. Viele Bewohner sind in der Vergangenheit nach Kuba ausgewandert, nur einige kehrten im Alter zurück. Nahebei liegt der nur per Fußweg zu erreichende Strand Playa de Antequera, ein Hort der Ruhe am Meer und bei FKK-Anhängern beliebt. Hier gibt es keinerlei Versorgungseinrichtungen. Attraktive Wandermöglichkeiten.
15 km nordöstl. von Santa Cruz

◎ San Andrés ▸ S. 110, C 3
Nordöstlich von Santa Cruz gelegene Küstenortschaft mit der in den Sommermonaten viel besuchten Bucht **Playa de las Teresitas**. Der 2 km lange Strand wurde künstlich (mit Sand aus der Sahara) angelegt. An Werktagen geht es dagegen deutlich ruhiger zu. Zahlreiche, zumeist auf Fischgerichte spezialisierte Ausflugsrestaurants. Kurios: der kleine, von einer Mauer eingefasste Friedhof, um den sich ein Freizeit- und Badebetrieb, Parkplätze, Werbetafeln und Erfrischungsbuden drängen.
8 km nordöstl. von Santa Cruz

La Laguna und der Norden

Prächtige Adelspaläste, Klöster und Kirchen, interessante Museen und eine lebendige Studentenszene. Nahebei befindet sich eine Reihe attraktiver Wandermöglichkeiten.

◂ In den Montañas de Anaga (▸ S. 55) konnten sich dichte Farn-, Lorbeer- und Baumheidewälder herausbilden.

Klima und Vegetation des Nordostens sind durch Frische, Feuchtigkeit und grüne atlantische Pflanzenpracht gekennzeichnet. Auch Nebel und Wolkenbänke prägen gelegentlich das Erscheinungsbild dieser Region. Wer sich für eine zerklüftete, reichhaltige Gebirgsnatur interessiert, sollte sich in das wenig besiedelte **Anaga-Gebirge** im äußersten Nordosten der Insel aufmachen. Hier – in den Baumheide- und Lorbeerwäldern – hat der Massentourismus noch keine Wurzeln geschlagen. In der Umgebung von **Tacoronte** werden Weinreben kultiviert. Bis auf wenige Ausnahmen wirtschaften die Weinproduzenten auf kleineren, nur wenige Hektar großen Rebflächen. Beste Erzeugnisse sind junge, muntere und fruchtbetonte Rotweine. Nahe dem Ort **El Sauzal** dokumentiert ein eigenes Museum die Geschichte der Weinbereitung auf der Insel.

La Laguna ▸ S. 110, A 3

145 000 Einwohner
Stadtplan ▸ S. 51

Offiziell heißt diese in einem Hochtal rings um eine Lagune gelegene Stadt San Cristóbal de la Laguna. Aber jedermann sagt nur La Laguna. Kultiviert wurde das fruchtbare Tal im Hinterland von Santa Cruz schon in der Epoche der altkanarischen Guanchen. 1496 eroberten die Spanier die Region und gründeten die nach mittelalterlichen Planungsmustern schachbrettartig angelegte Stadt. Diese Struktur hat sich im historischen Zentrum bis heute erhalten. Im Jahr 1510 erhielt La Laguna das Stadtrecht und stieg zur Inselhauptstadt auf. 1710 wurde die Universität gegründet, 1723 die Inselregierung nach Santa Cruz verlegt. 1818 wurde La Laguna Bischofssitz.

Von der Studentenszene muss noch die Rede sein. Die rund 25 000 Studenten der in einem Vorort ansässigen, modernen Universität machen La Laguna zu einem kanarischen Oxford, zu einer Stadt voller junger Leute. Während des Semesters brodelt es hier geradezu: Studenten auf den Plätzen, in den Parks und dann vor allem abends in den Bars, Gassen und Tavernen des Vergnügungsviertels – ein ausgesprochen buntes und belebtes Treiben, vor allem am späten Freitag- oder Samstagabend in den Straßenzügen zwischen der Calle Barcelona, Calle de la Catedral und der Plaza de San Cristóbal.

SEHENSWERTES

Altstadt 6 ▸ S. 51

Bis heute sind in der Altstadt von La Laguna so viele Adelshäuser und Paläste aus dem 17. und 18. Jh. erhalten geblieben wie an keinem anderen Ort auf der ganzen Insel. Allein schon diese Tatsache macht den Besuch La Lagunas attraktiv. Hinzu kommen dann die vielen Kirchen,

Klöster, Museen, Restaurants und Weinlokale. Inzwischen wurde die Altstadt auch von der UNESCO in die Liste des Kulturerbes der Menschheit aufgenommen.

Catedral ▸ S. 51, b 2

Die Kathedrale wird auch als Iglesia de Nuestra Señora de los Remedios bezeichnet. Ursprung des Kirchenbaus ist eine Kapelle aus dem Jahr 1511, die 1818 zur Kathedrale umgestaltet wurde. 1897 mussten Teile der Kirche wegen Baufälligkeit abgerissen werden. Der heutige, von neogotischen Stilelementen geprägte Sakralbau stammt größtenteils von 1913.

Im Kircheninneren befinden sich zahlreiche Kunstwerke, darunter ein von José Luján Pérez 1795 geschaffener Tabernakel, die Holzfigur der Virgen de los Remedios aus dem frühen 16. Jh. sowie Gemälde und andere Kunstobjekte aus der Zeit des Barock. Gegenüber dem Portal der Kathedrale befindet sich das 1905 gegründete Ateneo der Stadt.

Plaza de la Catedral • geöffnet während der Messen

Iglesia de Nuestra Señora de la Concepción ▸ S. 51, a 1

Die denkmalgeschützte und angeblich älteste Kirche Teneriffas geht auf eine Gründung an dieser Stelle aus dem Jahr 1496 zurück. Seit dem 16. Jh. wurde das Gotteshaus mehrfach umgebaut, und so zeigt das Gebäude Elemente verschiedener Stilrichtungen. Der markante siebenstöckige Glockenturm gilt als eines der Wahrzeichen von La Laguna.

Unter den Kunstwerken im Innern verdient vor allem ein Taufbecken aus Sevillaner Keramik, in dem bereits die Guanchen getauft wurden, sowie ein beeindruckendes Bildnis des Apostels Johannes, geschaffen von Cristóbal Ramírez, Aufmerksamkeit. Der Legende nach soll das besagte Bildnis im Jahr 1648 Blut geschwitzt haben.

Plaza de la Iglesia (nahe Plaza de la Concepción) • geöffnet während der Messen

Iglesia de Santo Domingo
▸ S. 51, c 3

Die zweischiffige Kirche gehört zu einem 1525 gegründeten Dominikanerkonvent und birgt sehenswerte sakrale Kunstwerke. Dazu zählen u. a. Monstranzen, Feinschmiede- und Silberarbeiten sowie ein Holzbild der Unbefleckten Empfängnis und ein aus Silber gefertigter Altaraufsatz. Die meisten Kunstwerke stammen aus dem 16., 17. und 18. Jh. Zu sehen ist darüber hinaus ein modernes Fresko, geschaffen von Mariano de Cossío. Zur Klosteranlage gehören ein Innenhof und ein Garten.

Calle de Santo Domingo • geöffnet während der Messen

MUSEEN
Museo de Antropología de Tenerife ▸ S. 113, E 5

Das Museum liegt rund 10 km westlich von La Laguna im **Valle de Guerra**. Allein schon das Gebäude ist sehenswert: ein zwischen Weinbergen, Strelitzienpflanzungen, Bauerngärten und Terrassenfeldern gelegenes, typisch kanarisches Herrenhaus aus der ersten Hälfte des 18. Jh. Die **Casa de Carta**, ehemals Landsitz der begüterten Familie Carta, wurde von der Inselregierung gekauft, restauriert und in ein Museum verwandelt. Leider hat das Museum durch eine Änderung des Ausstellungskonzepts

an Attraktivität eingebüßt. Die inzwischen recht willkürlich angeordneten und ausgewählten Objekte sollen die Bedeutung der historischen Vergangenheit und des kulturellen Erbes für die Gegenwart Teneriffas dokumentieren. Zu den interessanteren Objekten gehören einige authentische Gofio-Mühlen sowie eine traditionelle Kücheneinrichtung.
Calle del Vino, 44 (Carretera Tacoronte–Valle de Guerra, Autobahnabfahrt Guamasa, 5 km Richtung Valle de Guerra) • Tel. 9 22 54 63 08 • Di–So 9–16.30 Uhr • Eintritt 3 €, So Eintritt frei

Museo de la Ciencia y del Cosmos
▶ S. 51, c 3

Der gesamte Komplex widmet sich auf vielfältige Weise der Erforschung des Universums. Einzelne Wissenschaftsbereiche gelten der Sonne, der Erde, dem Kosmos und dem menschlichen Körper. Das Museum verfügt auch über ein Planetarium, einen Skelettspiegel und einen Lügendetektor. Das avantgardistisch konstruierte Gebäude stammt von den Architekten Jordi Garcés Bruses und Enric Sória Badía.
Vía Lactea (nahe der Autobahn, im Universitätsviertel) • Tel. 9 22 31 52 65 • Di–So 9–19 Uhr • Eintritt 3 €, Kinder und So Eintritt frei

Museo de la Historia de Tenerife
▶ S. 51, c 2

Die stattliche Sammlung veranschaulicht in elf Räumen die soziale, kulturelle und wirtschaftliche Ge-

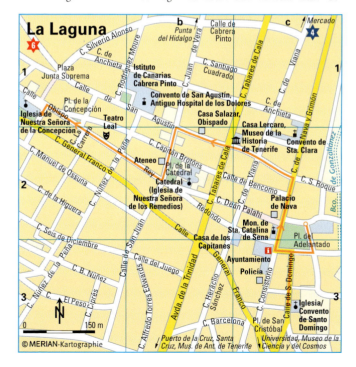

schichte Teneriffas von der Guanchen-Epoche bis zum Anfang des 20. Jh. Interessant sind die Landkarten aus dem 16. Jh. Das rundweg sehenswerte Museum ist in den Räumlichkeiten der **Casa Lercaro** von 1593 untergebracht. Einmal im Monat veranstaltet das Museum einen nächtlichen Stadtrundgang durch La Laguna (telefonisch reservieren!).
Calle de San Agustín, 22 • Tel. 9 22 82 59 49 • Di–So 9–19 Uhr • Eintritt 3 €, So frei

Beschaulicher Müßiggang in der historischen Altstadt von La Laguna.

SPAZIERGANG

Ausgangspunkt unseres Spaziergangs ist die im Zentrum der Altstadt gelegene **Plaza del Adelantado**, von wo wir über die **Calle de Santo Domingo** bis zum Dominikanerkonvent Santo Domingo aus dem 16. Jh., schlendern, um uns die Klosterkirche mit ihren sakralen Kunstwerken anzusehen. Die Kirche hat allerdings, wie auch die anderen Gotteshäuser in La Laguna, keine festen Öffnungszeiten und öffnet gewöhnlich nur zu den Messfeiern ihre Pforten.
Zurückgekehrt zur Plaza del Adelantado, schlendern wir über die Calle de Nava y Grimón und biegen nach einigen Metern links in die **Calle de San Agustín** ein. Hier passiert man mehrere beeindruckende Palastbauten mit pompösen Fassaden aus dem 17. und 18. Jh. Bei Haus Nr. 22 befindet sich die aus dem Jahr 1593 stammende Casa Lercaro mit dem **Museo de la Historia de Tenerife** (▶ S. 51).
Nach dem Museumsbesuch erreichen wir über die Calle Juan de Vera, in die wir von der Calle San Agustín aus links einbiegen, die **Kathedrale**. Über die Calle Obispo Rey Redondo, eine der belebtesten Geschäftsstraßen von La Lagunas Altstadt, gelangt man schließlich zur **Iglesia de Nuestra Señora de la Concepción** mit dem prächtigen Glockenturm, einem Wahrzeichen der Stadt. Der Spaziergang endet hier. Wer will, schlendert durch die Gassen der Altstadt zur Plaza del Adelantado zurück.
Dauer: 2–3 Std.

ÜBERNACHTEN
Hotel Rural Costa Salada

▶ S. 113, D 5

Rustikal und stilvoll • Kleineres Landhotel, nordwestlich von La Laguna direkt an der Küste nahe Valle de Guerra gelegen. Das hübsche Hotel zählt zu einem 240 000 qm großen Landgut, auf dem Zierpflanzen kultiviert werden. Es gibt eine eigene Weinkelterei und Meeresschwimmbecken, einen beheizten Pool im Freien, eine Sauna und ein Fitness-

studio. Schöner Speisesaal mit Blick auf das Meer. Alle rustikal und geschmackvoll eingerichteten Zimmer haben eine Terrasse. Antike Gemälde und Möbel. Ruhige attraktive Lage, reizvolle Blicke über Küste und Meer.
Camino la Costa s/n, Finca Oasis,
La Barranquera, Valle de Guerra • Tel.
9 22 69 00 00 • www.costasalada.com •
12 Zimmer • €€€

Nivaria ▶ S. 51, c 3
Zentrale Lage • Drei-Sterne-Hotel in einem restaurierten Herrenhaus aus dem 18. Jh., direkt an der Plaza del Adelantado und doch relativ ruhig. Stilvoller Eingangsbereich, der Mittelklasse entsprechende Zimmerausstattung. Zwei Squash-Plätze, Konferenzraum, Cafeteria und Bar.
Plaza del Adelantado, 11 • Tel. 9 22 26 42 98 • www.hotelnivaria.com •
80 Zimmer • €€

Aguere ▶ S. 51, a 2
Mitten in der Altstadt • Traditionshaus in einem historischen Altstadtgebäude. Ein Stern, einfache Ausstattung, gemütliches Ambiente.
Calle La Carrera, 55–57 • Tel. 9 22 25 94 90 • www.hotelaguere.es •
22 Zimmer • €/€€

ESSEN UND TRINKEN

El Tonique ▶ S. 51, b 3
Volkstümliches Ambiente • Das kleine, gemütliche Kellerlokal mit einer Bar in der Mitte befindet sich im Zentrum und ist bei den Einheimischen sehr beliebt. Delikate Happen und Tagesgerichte, günstiges Preisniveau, spanische Küche. Daneben umfangreiches Weinangebot.
Calle Heráclio Sánchez, 23 (Ecke Calle Barcelona) • Tel. 9 22 26 15 29 • So und im Aug. geschl. • €/€€

EINKAUFEN

Gofio-Mühle ▶ S. 51, b 2
Eine Gofio-Mühle, eingerichtet wie in alten Zeiten. Gofio »at it's best«.
Calle San Juan, 21

Mercado ▶ MERIAN-Tipp, S. 26

Monasterio de Santa Catalina de Sena ▶ S. 51, c 2
Die Dominikanerinnen des Klosters sind berühmt für ihre hausgemachten Süßwaren. Besonderer Beliebtheit erfreuen sich die nach maurischen Rezepten bereiteten »alfeñiques«.
Deán Palahi, 1 • tgl. 9.30–13 und 15.30–17.30 Uhr

La Vinoteca ▶ S. 51, a 1
Große Auswahl an kanarischen und spanischen Weinen, Schaumweinen und Likören sowie diverse Rumsorten. Vor dem Lokal erheben sich zwei grandiose Drachenbäume.
Plaza de la Concepción, 24

AM ABEND

Bodegón Tocuyo ▶ S. 51, b 1
Eine gemütliche Tasca, dekoriert mit alten Fässern und unzähligen Weinflaschen. Serviert werden kleinere Happen, Schinken, Würste und Käse. Beachtliches Weinsortiment mit alten und uralten Rotweinen aus der Ribera del Duero und der Rioja.
Calle Juan de Vera, 16 • Aug. geschl.

La Parranda ▶ S. 51, c 3
In diesem beliebten Keller-Pub steht mehrmals in der Woche Livemusik auf dem Programm, zumeist kanarische oder südamerikanische Folkloreveranstaltungen. Am Wochenende ist das Parranda oft rammelvoll.
Plaza de San Cristóbal, 38

SERVICE

AUSKUNFT
Ayuntamiento (Rathaus) ▶ S. 51, c 3
Auch touristische Informationen.
Plaza del Adelantado/Calle Consistorio • Tel. 9 22 60 11 00

POLIZEI
Guardia Civil
Tel. 9 22 25 94 16

ROTES KREUZ
Tel. 9 22 25 96 26

Ziele in der Umgebung

◉ Arafo ▶ S. 117, E 14
5300 Einwohner

Rund 30 km südwestlich von Santa Cruz de Tenerife inmitten eines landwirtschaftlich genutzten Gebiets gelegene Ortschaft. Ringsum erstrecken sich Terrassenfelder mit Wein, Tomaten, Mais und Obstbäumen. Die mit vielen Blumen geschmückte Siedlung hat ihrer gepflegten Erscheinung wegen schon eine Reihe von Auszeichnungen gewonnen.

In der Pfarrkirche sind bemerkenswerte Holzschnitzereien von Pablo Serrano zu sehen. Arafo ist unter den Tinerfeños als das Dorf der Musik bekannt. Der Grund: In keiner anderen Ortschaft Teneriffas gibt es mehr Musikgruppen, Orchester und Chöre. In der Gegend wird außerdem ein vorzüglicher Ziegenkäse hergestellt.
33 km südwestl. von La Laguna

◉ Candelaria ▶ S. 117, F 14
23 000 Einwohner

Die südwestlich von Santa Cruz gelegene Küstenortschaft ist ein bedeutender Wallfahrtsort. Verehrt wird hier die Schutzpatronin der gesamten Kanarischen Inseln: Nuestra Señora de la Candelaria. In der gleichnamigen Basilika ist eine Nachbildung der Madonnenfigur zu sehen, die der Legende nach im Jahr 1390 von Hirten am hiesigen Strand gefunden wurde. Schon die Guanchen sollen diese Figur angebetet haben. In Verehrung der Schutzpatronin findet in Candelaria jeweils am 2. Februar und – besonders pompös – am 15. August ein christliches Volksfest statt.
23 km südwestl. von La Laguna

ESSEN UND TRINKEN
Sobre el Archete
Originelles Ambiente • Gemütliches, fantasievoll dekoriertes Lokal, das teilweise in einer Felsenhöhle untergebracht ist. Gekocht wird nach traditionellen kanarischen Rezepten mit schmackhaften Fisch-, Gemüse- und Kaninchengerichten.
Calle Lomo de Aroba, 2 • Tel. 9 22 50 01 15 und 9 22 50 03 54 • Mo–Sa 13–16 und 20.30–24 Uhr, 1. Okt.-Hälfte geschl. • €€

◉ Güímar ▶ S. 117, E 15
16 800 Einwohner

Bedeutendes traditionelles Landwirtschaftszentrum südwestlich von Santa Cruz. Hier werden Gemüse, Kartoffeln, Obst und Wein angebaut. In der Umgebung wurden zahlreiche Siedlungsreste und Kultstätten aus der Epoche der Guanchen entdeckt. Sehr lohnend ist der Besuch des Ethnografischen Parks der Pirámides de Güímar (▶ MERIAN-Tipp, S. 56).
38 km südwestl. von La Laguna

◉ La Matanza de Acentejo/La Victoria de Acentejo ▶ S. 112, C 7
16 700 Einwohner

Der Name des Ortes, der so viel wie »Gemetzel« bedeutet, erinnert an die blutige Schlacht der Guanchen gegen

Der bedeutendste Wallfahrtsort Teneriffas: In der Basilika von Candelaria (▶ S. 54) wird mit der Nuestra Señora de la Candelaria die Schutzpatronin der Kanaren verehrt.

die Spanier im Mai 1494. Damals lockten die Guanchen die Angreifer unter Führung von Alonso Fernández de Lugo in eine Schlucht und schlugen sie vernichtend.

Im Dezember 1495 kam es an einem nahe gelegenen Ort zu einer erneuten Begegnung, aus der die Spanier siegreich hervorgingen, was für die Guanchen die endgültige Unterwerfung bedeutete. Die Spanier gaben dieser Stätte ihres entscheidenden Sieges den Namen La Victoria. Beide nahe der Autobahn gelegenen Orte sind geprägt von der Landwirtschaft und bekannt für ihre jungen, fruchtigen Rotweine.

15 bzw. 18 km südwestl. von La Laguna

Montañas de Anaga
▶ S. 110, B/C 2

Der Gebirgszug im Norden der Insel markiert geologisch den ältesten Teil Teneriffas (ca. 3 Mio. Jahre) und zeichnet sich durch ein bizarres Relief, viele Steillagen, Felsnadeln und enge, tief eingekerbte, zum Meer hin auslaufende Täler aus. Es dominieren Basalt und Lavaschmelzgestein. Das Klima ist deutlich feuchter und regenreicher als im Süden der Insel. Dadurch bedingt findet man in dieser Gegend eine üppige Vegetation mit dichten Farn-, Lorbeer- und Baumheidewäldern. Die Baumheide (»brezo«) erreicht stellenweise eine Höhe von 5 m. Früher wurde das Holz der Baumheide von den ortsansässigen Köhlern in Kohle umgewandelt. Aus dem harten Holz wurden auch Tabakspfeifen geschnitzt. In den Lorbeerwäldern des Mercedes-Waldes leben zwei Taubenarten, die ausschließlich hier vorkommen. Mit 1024 m ist der **Cruz de Taborno** die höchste Erhebung.

Das Anaga-Gebirge ist relativ dünn besiedelt, die meisten der kleinen Dörfer liegen im Bereich der Nordküste. Der größte Ort (ca. 1000 Einw.) ist **Taganana**, ehemals berühmt für seinen charakteristischen Wein. Das zerklüftete Anaga-Gebirge ist heute wegen seines landschaftlichen Charmes und seiner üppigen Natur ein in vielerlei Hinsicht ideales Naherholungs- und Wandergebiet (▶ Touren und Ausflüge, S. 86).

Inzwischen wurden zahlreiche Wanderwege angelegt, in den Dörfern haben sich einige Bars und Restaurants etabliert. Offizielle Unterkünfte gibt es jedoch nur recht wenige – und wenn, dann mit niedrigem Komfort. Die Nordküste verfügt über mehrere kleine Strände. Wer eine Alternative zu den Stätten des Massentourismus an der Südküste sucht, gern wandert und eine noch weitgehend unversehrte Natur mit viel Stille und grandiosen Blicken über Felsengebirge und Küsten genießen möchte, ist hier bestens aufgehoben.

10 km nordöstl. von La Laguna

◎ Punta del Hidalgo

▶ S. 110, A 1

1800 Einwohner

In dieser kleinen Ortschaft an der felsigen Nordküste leben vornehmlich Fischer und Bauern, die dem Bananenanbau nachgehen. Dort, wo die Landstraße endet, beginnen einige Wanderwege, die hinauf ins Anaga-Gebirge, nach Chinamada oder Las Carboneras führen. Punta del Hidalgo verfügt über ein modernes Sport- und Kurhotel sowie Apartments und Restaurants, ist allerdings noch nicht von Pauschalreisenden geprägt. Hier findet man noch Ruhe und Beschaulichkeit. Der Ort ist vornehmlich bei gesundheitsbewussten Urlaubern und Wanderern beliebt. Busverbindungen nach La Laguna, Puerto de la Cruz und Santa Cruz.

16 km nördl. von La Laguna

MERIAN-Tipp 8

PIRÁMIDES DE GÜÍMAR

▶ S. 117, E 15

Die interessanten Kultstätten mit sechs Stufenpyramiden aus der Epoche der Guanchen wurden in einen »Ethnografischen Park« integriert, der 1998 unter Mitarbeit des prominenten Forschers Thor Heyerdahl entstand. Zu sehen sind Funde aus der Guanchenzeit und Dokumentationen zum anthropologischen Hintergrund der Pyramiden. Güímar, Calle Chacona bzw. Avenida Venezuela, 114 • Tel. 9 22 51 45 10 • www.piramides deguimar.net • tgl. 9.30–18 Uhr, 25. Dez. und 1. Jan. geschl. • Eintritt 10,40 €, Kinder 5,20 €

Tacoronte

▶ S. 113, D 6

23 100 Einwohner

Das Zentrum des Weinanbaus innerhalb des durch eine gesetzliche Herkunftsbestimmung (Denominación del Origen) geschützten Anbaugebiets Tacoronte-Acentejo. Mexikanische Malereien, kanarische Skulpturen und mehrere Barockkunstwerke schmücken die Pfarrkirche **Santa Catalina**. In der **Alhóndiga**, einem ländlichen Anwesen aus dem 17. Jh., findet jedes Jahr eine Weinwoche für Önologen statt. Tacoronte besitzt zahlreiche Restaurants und Tavernen. Mehrere Bodegas (Weingüter) finden sich in der Umgebung.

10 km westl. von La Laguna

MUSEUM
Casa del Vino »La Baranda«

Dieses Museum im 2 km entfernten Nachbarort El Sauzal widmet sich auf vielfältige und interessante Weise den Weinen Teneriffas. Zu dem in einem restaurierten Herrenhaus aus dem 17. Jh. untergebrachten Komplex gehören auch eine Vinothek, ein Restaurant und eine Bibliothek. Die chronologisch aufgebaute Ausstellung dokumentiert die Geschichte des Weinbaus auf der Insel. Im umgebauten Stall des Herrenhauses können Besucher nahezu alle Teneriffa-Weine selbst verkosten und zu günstigen Preisen käuflich erwerben. Von Zeit zu Zeit werden spezielle Weinproben und kulturelle Darbietungen veranstaltet.

Autopista del Norte, km 21 (Ausfahrt El Sauzal »La Baranda«) • Tel. 9 22 57 25 35 und 9 22 57 25 42 • www.cabtfe.es/casa-vino, www.tenerife.es/casa-vino • Di 10.30–18.30, Mi–Sa 9–21, So 11–18, feiertags 11.30–17.30 Uhr • Eintritt frei

ESSEN UND TRINKEN
Los Limoneros

Köstliche Fischgerichte • Gutes Mittelklasseniveau, gepflegtes und gemütliches Ambiente mit einer Ausstattung im englischen Stil. Zu den besonders gelungenen Spezialitäten zählen Meeresfrüchte sowie die Fisch- und Lammfleischgerichte. Rundweg freundlicher Service. Große Auswahl an kanarischen Weinen sowie Weinen vom spanischen Festland. Klimaanlage, Parkmöglichkeiten.

Carretera General del Norte, km 15 • Tel. 9 22 63 66 37 • So geschl. • €€

EINKAUFEN
Bodega Álvaro

Beachtliches Angebot kanarischer Weine. Originelle Einrichtung mit alten Weinflaschen, Bildern und Fässern. Probiermöglichkeit, auch Weine vom Fass. Zudem kann man kleine Wurst- und Käsehappen verzehren.

Carretera Agua García, 4

Bodegas Insulares Tenerife

Große Bodega mit umfassendem Weinangebot. Die bekannteste Marke heißt Viña Norte.

Vereda del Medio, 8 b • www.bodegasinsularestenerife.es

Mercado del Agricultor

Kleiner, aber attraktiver Bauernmarkt in einer 700 qm-Markthalle außerhalb des Ortes. Die Bauern aus der Umgebung bieten Erzeugnisse aus eigener Produktion an: Gemüse, Obst, Blumen, Wein, Honig, Käse oder Süßigkeiten. Selbst deutsches Brot ist hier erhältlich.

Carretera General de Tacoronte-Tejina (Ausfallstraße nach Tejina, 3 km vor Tacoronte • Barranco de San Juan) • Sa, So 8–14 Uhr

Der Westen
Das milde Klima dieser felsenreichen Küstenlandschaft an den Hängen des Teide zog schon Ende des 19. Jahrhunderts Erholung Suchende an. Heute ist hier ein pulsierendes touristisches Zentrum entstanden.

◂ Die Iglesia de Nuestra Señora de la Concepción in La Orotava (▸ S. 68) geht auf den Beginn des 16. Jh. zurück.

Nicht zuletzt wegen des sonnenreichen Klimas ist die ganze Gegend um **Puerto de la Cruz** seit vielen Jahrzehnten eine Destination für den Massentourismus. Wer sich aus Rummel, Badebetrieb und Vergnügungsstätten zurückziehen möchte, findet durchaus noch stille, inspirierende Ortschaften im südlichen Bereich der Westküste – etwa **Garachico** oder **Icod de los Vinos**. Auch die Altstadt von **La Orotava** hat sich einen gewissen Charme bewahrt. Viele typisch kanarische Häuser haben hier überdauert und sind stilvoll und sensibel restauriert worden.

Ein Ausflug in den **Teide-Nationalpark** und seine Randgebiete beschert die Begegnung mit einer grandiosen vulkanischen Natur. Genügend Zeit und Wanderfreude vorausgesetzt, wird die Erkundung dieser einzigartigen Landschaft zu einem nachhaltigen Erlebnis. Die interessantesten Wege liegen abseits des Trubels und Besucherbetriebs.

Puerto de la Cruz ▸ S. 112, A 7

47 200 Einwohner
Stadtplan ▸ S. 61

Ende des 19. Jh. nahm hier die Tourismus-Karriere Teneriffas ihren Anfang. Besonders die Briten, die vormals seit dem 18. Jh. Malvasierwein aus Puerto de la Cruz ins Mutterland verschifft hatten, entdeckten das ganzjährig milde, angenehme Klima des Orotava-Tals. Und so avancierte Puerto de la Orotava, so der einstige Name von Puerto de la Cruz, mehr und mehr zu einem Kur- und Erholungszentrum. 1892 wurde als erstes Hotel das Gran Hotel Taoro eröffnet, weitere folgten. Parallel dazu legte man in der Umgebung der Stadt Bananenplantagen an.

In den Fünfziger- und Sechzigerjahren des 20. Jh. erlebte Puerto de la Cruz die Verwandlung in einen Zielort des Pauschaltourismus. Nicht wenige der alten Häuser im Zentrum wurden abgerissen. Ein massiver Bauboom griff um sich, Apartmentanlagen und Hochhäuser mit Ferienwohnungen und Hotelzimmern entstanden. Der Zuschnitt auf die Bedürfnisse der Urlauber markiert auch heute das Gesicht dieser Küstenstadt. Rund 150 Hotel- und Apartmentkomplexe mit nicht weniger als 30 000 Betten, ungezählte Vergnügungsstätten, Bars, Boutiquen und Supermärkte umfasst das Inventar von Puerto de la Cruz.

Und für die Badebedürfnisse der Gäste hat man seit 1977 den **Lago de Martiánez** geschaffen, eine künstliche Wasserlandschaft, die alljährlich von mehr als einer Million zahlender Touristen genutzt wird. Nahebei wurde die östlich der Altstadt gelegene **Playa de Martiánez** mit Millionenaufwand vergrößert.

Aus alter Zeit hat leider nicht viel dem Druck des touristischen Booms standhalten können: der wunderschöne Botanische Garten, ein paar Kirchen und Parks, einige Häuser und Paläste in der Altstadt. Das milde, sonnenreiche Klima freilich ist geblieben, dazu der grandiose Blick auf den Teide und die grünen Bergwälder oberhalb des Orotava-Tals. Mit dem Auto gelangt man über Serpentinenstraßen in recht kurzer Zeit dorthin; auch dies ist ein Vorzug von Puerto de la Cruz.

SEHENSWERTES
Cementerio de San Carlos
▶ S. 61, a 2/3

Traditioneller Friedhof im Stadtzentrum, von einer Mauer eingefriedet. Eine Oase der Ruhe: üppiger Blumenschmuck, schöne Palmen und Flamboyantbäume.
Paseo de Luis Lavaggi • Mo–Sa 8–17, So, feiertags 9–13 Uhr

Iglesia de Nuestra Señora de la Peña de Francia ▶ S. 61, c 2

Der Bau der Kirche im Stadtzentrum geht auf das Jahr 1684 zurück. Der neoklassische Turm stammt von 1898. Im Innern entdeckt man eine hölzerne Artesonado-Decke, Gemälde, Gold- und Silberschmiedearbeiten, reich geschmückte Barockaltäre sowie eine von dem kanarischen Bildhauer José Luján Pérez im 18. Jh. geschaffene Schmerzensmadonna.
Plaza de la Iglesia

Jardín Botánico 8 ▶ S. 61, f 3

Der Botanische Garten besteht seit Ende des 18. Jh. und wurde seinerzeit auf Betreiben von Carlos III. angelegt, um tropische Pflanzen aus Lateinamerika zunächst an das kanarische und dann später an das zentralspanische Klima zu gewöhnen, wo sie in den Parkanlagen und Gärten am königlichen Hof gedeihen sollten. Bald aber zeigte sich: Viele Bäume und Pflanzen akklimatisierten sich zwar an die kanarischen, nicht aber an die zentralspanischen Verhältnisse. So endete das 1788 begonnene Umpflanzungsprojekt in einem Fiasko, und man entzog dem Botanischen Garten – eigentlich Jardín de Aclimatización de La Orotava – die Aufmerksamkeit und Pflege.
Ab dem Jahr 1860 nahm sich der Schweizer Gärtner Hermann Wildpret der Gartenanlage an und gab ihr ihre gepflegte Würde zurück. Heute gedeihen hier ungefähr 3000 exotische Pflanzen, vom kuriosen Leberwurstbaum bis hin zur Würgerfeige, die sich auf einem Wirtsbaum festsetzt und ihm den Saft heraussaugt. Viele Bäume stammen noch aus der Gründerzeit des Botanischen Gartens und sind demnach gegenwärtig mehr als 200 Jahre alt.
Carretera del Botánico • tgl. 9–18, im Sommer bis 19 Uhr • Eintritt 3 €

Lago de Martiánez ▶ S. 61, d/e 1

Im Jahr 1977 von dem inzwischen verstorbenen kanarischen Stararchitekten César Manrique geschaffene, über 30 000 qm große Wasserlandschaft in der Nähe des Hafens. Große Meerwasserbecken, Fontänen, Lava-Inseln, Ruhezonen, Skulpturen, Palmengruppen, Zierpflanzen, Grünflächen, Restaurants etc.
Avenida de Colón s/n • tgl. 9.45–17 Uhr • Eintritt 3,30 €

Loro Parque 4 ▶ S. 61, südwestl. a 3

Riesiger, etwas außerhalb des Stadtzentrums gelegener Vergnügungspark mit einem sehr umfassenden

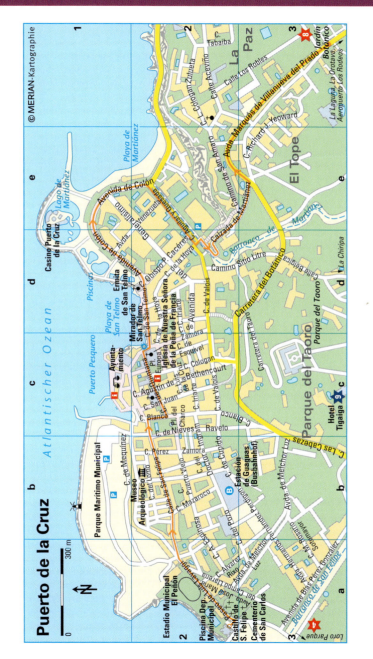

Freizeitangebot vor allem für Familien mit Kindern. Zu den Attraktionen zählen neben der angeblich größten und vollständigsten Papageienkollektion der Welt ein thailändisches Dorf, ein gambischer Markt, ein Orchideenhaus, eine Fledermausvulkanhöhle und ein einzigartiges Showscan-Kino.

Inmitten einer subtropischen Pflanzenwelt mit Wasserfällen und Tausenden von Palmen leben Gorillas, Tiger, Delfine (tgl. Delfinshow) und Seelöwen. Zum Aquarium gehören ein tropischer Fluss, Korallenriffe und ein gläserner Unterwassertunnel mit mehr als 20 Haifischen.

Der Freizeitpark, der ständig um neue Attraktionen ergänzt wird, bietet genügend Erlebnisfelder für einen kompletten Urlaubstag. Parkmöglichkeiten sind vorhanden. Das angeschlossene Pinguinarium mit rund 300 Königspinguinen gilt als das größte seiner Art weltweit. Die Eintrittspreise für den Park sowie die Preise der angeschlossenen Restaurants werden von vielen Besuchern als zu hoch empfunden.
Carretera Punta Brava • Tel. 9 22 37 38 41 • www.loroparque.com • tgl. 8.30–18.45 Uhr • Eintritt 31,50 €, Kinder 20,50 €

MUSEUM

Museo Arqueológico ▶ S. 61, b 2

Das Museum ist in einem historischen Gebäude aus dem 19. Jh. untergebracht. Zu sehen sind archäologische Funde, darunter Keramik und mumifizierte Körper aus der Epoche der Guanchen sowie eine Waffen- und Insektensammlung.
Calle del Lomo, 9 A • Di–Sa 10–13 und 18–21, So 10–13 Uhr • Eintritt 1 €

SPAZIERGANG

Wir beginnen unseren Spaziergang am **Castillo de San Felipe** im Westen der Stadt und schlendern von dort zunächst auf dem **Paseo de Luis Lavaggi** nordostwärts parallel zur Küste. Der Weg führt am Friedhof San Carlos (rechts) und am Fußballstadion (links) vorbei und mündet schließlich in die Calle de San Felipe, auf der wir die stets belebte **Plaza del Charco** im Zentrum erreichen.

Östlich des von vielen Geschäften, Restaurants und Cafés flankierten Platzes biegt die Fußgängerpromenade **Calle de Quintana** ab. Folgen wir ihr ostwärts, kommen wir an den Traditionshotels Marquesa und Monopol vorbei.

Ehe das Hotel Monopol mit seinem sehenswerten Innenhof erreicht ist, bietet sich aber noch die Gelegenheit, rechter Hand einen Blick auf die **Plaza de la Iglesia** zu werfen, wo sich das Fremdenverkehrsbüro und die Kirche **Nuestra Señora de la Peña de Francia** befinden. Bei dieser Kirche stößt die Calle de Quintana auf die Küstenpromenade und die Aussichtsplattform **Mirador de San Telmo**. Sie gewährt einen weiten Blick über die Bucht und die viel besuchte Bade- und Erholungsanlage **Lago de Martiánez**, die wir schließlich über die Calle de San Telmo erreichen.

Die Avenida de Colón führt weiter zum Martiánez-Strand. Hier verlassen wir den Küstenbereich und schlendern über die Calle Aguilar y Quesada und die Calzada de Martiánez hinauf in die Oberstadt. Die Carretera del Botánico bringt uns schließlich zum **Jardín Botánico** 8, dem Botanischen Garten mit seinen rund 3000 tropischen Pflanzen und Bäumen. Nach dem Spaziergang spendet uns die herrliche Gartenanlage Erholung, Besinnung und Muße inmitten einer fantastischen Pflanzenpracht. Dauer: ca. 4 Std.

ÜBERNACHTEN

Botánico ▸ S. 61, f 3

Vorbildlicher Komfort • Modernes, luxuriöses Großhotel, inmitten einer Parkanlage nahe dem Botanischen Garten gelegen. Ehemals logierten hier Staatsoberhäupter, Adelige und Millionäre. Pools, Sauna, Massage, Tennis, Restaurants mit Nichtraucherbereich, Friseur- und Kosmetiksalon. Fünf Sterne. Das Haus zählt zur internationalen Hotelgruppe »The Leading Hotels of the World«. Angeschlossen ist auch ein **Oriental Spa Garden**.
Calle Richard J. Yeoward s/n • Tel. 9 22 38 14 00 und 9 02 08 00 00 • www.hotelbotanico.com • 252 Zimmer und Suiten • €€€€

Marquesa ▸ S. 61, c 2

Zentral gelegen • Das renommierte Traditionshotel befindet sich in der Fußgängerzone im Zentrum der Stadt, wobei das Gebäude bereits im Jahr 1712 errichtet wurde. Angeblich soll im Marquesa schon Alexander von Humboldt zu Gast gewesen sein. Mit schönem Innenhof, Schwimmbad, Restaurant. Hinreichender Komfort, bisweilen etwas laut. Drei Sterne.
Calle de Quintana, 11 • Tel. 9 22 38 31 51 • www.hotelmarquesa.com • 144 Zimmer • €€

Monopol ▸ S. 61, c 2

Innenhof mit Palmen • In der Fußgängerpassage gelegenes Traditionshotel, seit 1928 unter deutscher Leitung. Das Gebäude stammt aus dem Jahr 1742. Sehr schöner überdachter Patio mit Palmen und subtropischen Pflanzen. Kanarische Holzbalkone. Swimmingpool auf der Dachterrasse. Sportmöglichkeiten. Beliebt bei Reisegruppen und Agenturen.
Calle de Quintana, 15 • Tel. 9 22 38 46 11 • www.monopoltf.com • 92 Zimmer • €€

ESSEN UND TRINKEN

Magnolia ▸ S. 61, f 3

Kultiviertes Hochniveau • Geschmackvolle, elegante Einrichtung in der Nachbarschaft des Botanischen Gartens. Anspruchsvolle Küche, spezialisiert auf traditionelle katalanische Rezepturen. Fisch- und Fleischgerichte. Originell: die »butifarra« mit Bohnen, delikat: die »zarzuela«. Dazu hausgemachte Desserts sowie kanarische und spanische Wei-

---

MERIAN-Tipp

HOTEL TIGAIGA ▸ S. 61, c 3

Vier-Sterne-Hotel, oberhalb der Stadt im ruhigen Taoro-Park gelegen. Vorbildlicher Service, hohes Qualitätsniveau in sämtlichen Bereichen. Jeden Sonntag um 11 Uhr Tanz und Folkloremusik. Führungen durch den hoteleigenen subtropischen Garten. Swimmingpool, Lucha-Canaria- und Folkloredarbietungen, Gourmet-Restaurant mit Nichtraucherzone. Das Hotelpersonal organisiert geführte Wanderungen. Zahlreiche internationale Auszeichnungen zeugen von beispielhaftem Hotelkomfort.
Puerto de la Cruz, Parque del Taoro, 28 • Tel. 9 22 38 35 00 • www.tigaiga.com • 76 Zimmer und 7 Junior-Suiten • ♿ • €€€

Die von zahlreichen Läden, Restaurants und Terrassencafés gesäumte Plaza del Charco (▶ S. 62) bildet seit Jahrhunderten den Mittelpunkt von Puerto de la Cruz.

ne. Terrasse, Parkplatz. Eines der kultiviertesten Restaurants der Gegend.
Avenida Marqués Villanueva del Prado, 5 • Tel. 9 22 38 56 14 • Di geschl. • €€€

Restaurante Isla del Lago
▶ S. 61, e 1

Direkt am Casino • Im gleichen Gebäude wie das Casino auf einer Insel im Lago de Martiánez gelegen. Kanarische und internationale Küche. Gepflegtes Niveau, geschmackvolle Einrichtung. Nicht nur bei Casino-Besuchern beliebt.
Lago de Martiánez • Tel. 9 22 37 20 70 • bis 0.30 Uhr geöffnet • €€

Marisquería Mario
▶ S. 61, b 2

Solide Fischgerichte • Von Kennern wird das Restaurant beim Fischereihafen wegen seiner delikaten Meeresküche geschätzt. Garantiert frische Primärprodukte.
Rincón del Puerto (Plaza del Charco, 12) • Tel. 9 22 38 55 35 • €€

Casa Antigua ▶ S. 61, a 2

Kanarische Volkstümlichkeit • Kleines, einfaches, gemütliches Lokal für das kleine Portemonnaie. Gegenüber dem Fußballstadion gelegen. Auf den Tisch kommt eine zünftige Hausmannskost, vor allem Ziegenfleisch, Fischgerichte. Keine kulinarischen Höhenflüge, aber typische kanarische Rezepturen zu rundweg gerechtfertigten Preisen. Von Stammgästen immer wieder sehr gelobt.
Calle de San Felipe, 95 • Tel. 9 22 38 00 78 • €

El Limón

▶ grüner reisen, S. 21

EINKAUFEN

Bücherkiste ▶ S. 61, f 2

Deutsche Buchhandlung und Leihbücherei. Umfangreiche Teneriffa-Literatur, deutsche Grußkarten, Kinderbücher und Bestseller.
Im Edificio Masaru, La Paz (nahe dem Supermarkt 2000)

Filatelía ▶ S. 61, c 2

Briefmarken, Münzen und eine beachtliche Sammlung alter Ansichtskarten mit Motiven der Kanaren.
Calle Luis de la Cruz, 4

Toste Ossorio ▶ S. 61, c 2

Weine und Spirituosen sowie ein stattliches Sortiment an Whisky-, Sherry-, Brandy- und Cognac-Marken zu erschwinglichen Preisen.
Calle de Quintana, 22

AM ABEND

Casino Puerto de la Cruz
▶ S. 61, e 1

Das Kasino liegt auf einer Insel im Lago de Martiánez und ist am Abend auf einem beleuchteten Fußweg erreichbar. Es verfügt über acht Spieltische sowie Amerikanisches Roulette, Poker, Black Jack. Angemessene Garderobe erforderlich. Zur Identifikation ist die Vorlage des Personalausweises oder Passes vorgeschrieben. Ganzjährig geöffnet.
Lago de Martiánez • Tel. 9 22 38 05 50 • www.casinostenerife.com • So–Do 20–3, Fr, Sa bis 4 Uhr • Eintritt 3 €

Victoria ▶ S. 61, e 1

Stadtbekannte Mega-Diskothek. Gespielt wird aktuelle Musik aus den Charts, das Publikum präsentiert sich eher schick.
Avenida de Colón (im Hotel Teneriffa Playa) • Tel. 9 22 38 10 66

SERVICE

AUSKUNFT

Fremdenverkehrsbüro ▶ S. 61, c 1
Plaza de Europa • Tel. 9 22 38 60 00 • www.puerto-cruz.com

VERKEHR

Busbahnhof ▶ S. 61, b 2/3

Es gibt Verbindungen zu allen größeren Ortschaften und zu den beiden Flughäfen der Insel. Der Bus Nr. 348 fährt zum Parador-Hotel im Teide-Nationalpark.
Calle del Pozo • Tel. 9 22 38 18 07

Ziele in der Umgebung

◎ Garachico ▶ S. 115, D 10

5500 Einwohner

Die Altstadt des Küstenorts ist gepflegt, und es existiert ein erlebenswertes Naturschwimmbecken. Garachico ist einer der reizvollsten Orte der Insel, er vermittelt Ruhe und Beschaulichkeit und ermuntert zu vergnüglichen Spaziergängen durch die Gassen des Zentrums. Im 17. Jh. wurde vom 1496 gegründeten Gara-

MERIAN-Tipp

RESTAURANT LAS AGUAS
▶ S. 115, F 9

Dieses gemütliche Restaurant liegt auf halber Strecke zwischen Icod de los Vinos und Puerto de la Cruz im Fischerörtchen San Juan de la Rambla. Der Familienbetrieb verfügt nur über zehn Tische. Bei offenem Fenster hört man das Rauschen des Atlantiks. Hausspezialität sind die von Rezepten aus der Gegend von Murcia und Valencia inspirierten Reisgerichte. Kanarische und Rioja-Weine.
San Juan de la Rambla, Calle La Destila, 20 (Abzweigung in Richtung »Las Aguas« nehmen, dann rechts halten und weiter bis zum Ende in Höhe des Schwimmbads) • Tel. 9 22 36 04 28 • Di–Sa 13–15.30 und 20–22.30, So nur 13–15.30 Uhr • Reservierung erforderlich • €€

---

chico aus Malvasierwein sogar bis nach Großbritannien verschifft.
Ein verheerender Vulkanausbruch zerstörte 1706 weite Teile der Altstadt und des bis dahin bedeutenden Hafens. Die Malvasierkulturen waren vernichtet. In der Folge versank der Ort nahezu in Bedeutungslosigkeit. Überdauert aus historischer Zeit haben das **Castillo de San Miguel** (16. Jh.), die Kirche **Santa Ana** (18. Jh.), die einstigen Klöster **San Francisco** und **Santo Domingo** sowie viele Altstadthäuser mit ihren wunderschönen Balkonen und dem hübschen Türen- und Fensterschmuck (Infos: www.garachico.es).
25 km westl. von Puerto de la Cruz

MUSEEN
Casa de la Cultura
Im ehemaligen Kloster San Francisco mit seinem prächtigen Innenhof und wunderschönen Holzbalkonen sind Fotos, Stiche und Bilder aus der Geschichte von Garachico zu sehen.
Plaza del Ayuntamiento • Mo–Fr 9–19, Sa 9–18, So und feiertags 9–14 Uhr • Eintritt 0,60 €

Castillo de San Miguel
Naturkundliche Sammlung mit Mineralien, Schnecken, Fossilien etc.
Tgl. 10–18 Uhr • Eintritt 0,60 €

ÜBERNACHTEN
Hotel Luz del Mar
Für Wandergruppen • Modernes, komfortables Vier-Sterne-Hotel im Ort Los Tilos nahe dem Teno-Gebirge, ca. 7 km westlich von Garachico. Beliebt bei Wandergruppen. Zweigeschossiger Bau im kanarischen Stil. Gartenanlage, Wellnessausstattung, solarbeheizter Pool und Whirlpool, Restaurant, Bar, Kaminzimmer. Organisation von Wander- und Trekkingtouren, Tauchen, Kajakfahren, Mountainbiking. Freundlicher Service.
Avenida Sibora, 10, Los Tilos • Tel. 9 22 84 16 23 • www.luzdelmar.de • 35 Zimmer, 14 Suiten • ♿ • €€€

Hotel La Quinta Roja
Zentrale Altstadtlage • Stilvoll eingerichtetes Hotel in einem Palast aus dem 16. Jh. Schöner Innenhof. Individuell gestaltete Zimmer, je nach Lage etwas hellhörig.
Glorieta de San Francisco s/n • Tel. 9 22 13 33 77 • www.quintaroja.com • 20 Zimmer • €€€

Hotel San Roque
▶ MERIAN-Tipp, S. 13

ESSEN UND TRINKEN
Isla Baja
Zünftiges Ambiente • Kleines Restaurant in historischem Gebäude mit schönem Patio. Kanarische und internationale Gerichte, Fisch-, Muschel- und Avocado-Spezialitäten. Nur bis ca. 16 Uhr geöffnet.
Calle Estéban de Ponte, 3 •
Tel. 9 22 83 00 08 • €€

EINKAUFEN
Casa San Pedro
Originelles Angebot an Keramik. Auch Sonderanfertigungen.
Travesía Mencey/Caconaimo 2

Centro de Artesanía
Kunsthandwerk und andere typisch kanarische Produkte.
Calle Estéban de Ponte, 5 •
Di – So 10 – 18 Uhr

◎ Icod de los Vinos ▶ S. 115, E 10
24 100 Einwohner

Die Ortschaft gilt als Zentrum des Weinanbaugebietes Ycoden-Daute-Isora, das insbesondere für seine Weißweine geschätzt wird. Das bedeutendste Bauwerk der 1501 gegründeten Stadt ist die Kirche **San Marcos** mit ihrem Renaissanceportal und dem 2 m hohen Filigrankreuz aus mexikanischem Silber im Innern. In der Altstadt haben einige stattliche Paläste und Herrenhäuser überdauert. Wahrzeichen der Stadt ist ein angeblich 1000-jähriger Drachenbaum (»drago milenario«). Er ist ca. 140 t schwer, die Krone ist 20 m breit, der Stammumfang beträgt 6 m, die Höhe des Baums 17 m. Sein Alter wird von Experten auf »nur« 400 oder höchstens 500 Jahre geschätzt. Um den Baum herum wurde ein botanischer Garten angelegt (Parque del Drago; tgl. 9.30–18.30 Uhr; Eintritt 4 €, Kinder 2 €). Infos: www.icoddelosvinos.com.
20 km westl. von Puerto de la Cruz

> **WUSSTEN SIE, DASS …**
>
> … die nahe der Ortschaft Icod de los Vinos gelegene Cueva del Viento die längste Vulkanhöhle der Welt sein soll? Ihre vermessenen Gänge liegen bei 14 870 m.

Der Ort Garachico (▶ S. 65) auf einer Landzunge zu Füßen der Teide-Abhänge.

ESSEN UND TRINKEN
Carmen
Kanarische Gemütlichkeit • Häufig voll besetztes Restaurant in einem historischen Gebäude. Fisch- und Fleischgerichte, teils auch kanarische Traditionsrezepte. Große Auswahl an lokalen Weinen.
Calle Hércules, 2 • Tel. 9 22 81 06 31 •
€€

DER WESTEN

EINKAUFEN
La Bodeguita del Drago
Kanarische Delikatessen (Käse, Liköre, Süßwaren), beachtliche Auswahl kanarischer Weine zu zivilen Preisen.
Plaza de la Pila

◎ Observatorio Meteorológico de Izaña ▶ S. 116, C 15
Das astrophysikalische Observatorium (Instituto de Astrofísica) liegt oberhalb des Orotava-Tals an der C-824 auf etwa 2400 m Höhe (nahe El Portillo). Die von mehreren internationalen Forschungsinstitutionen seit den Siebzigerjahren betriebene Sternwarte zählt zu den bedeutendsten Europas. Die reine Luft erlaubt hier ungestörte Beobachtungen.
35 km südl. von Puerto de la Cruz • Besuch nur nach Voranmeldung • Tel. 9 22 23 62 99 • www.astroamigos.com

◎ La Orotava ▶ S. 112, B 8
40 700 Einwohner
Ortsplan ▶ S. 69
Am Hang oberhalb von Puerto de la Cruz liegender Ort mit denkmalgeschütztem Altstadtkern. Er besitzt zahlreiche Paläste, Klostergebäude und Herrenhäuser aus historischer Zeit (meist 17. Jh.), darunter die Casa de los Balcones, die Casa del Turista, die Casa Torrehermosa, das Hospital de la Santísima Trinidad oder den Convento de Santo Domingo.
Sehenswert sind außerdem die Kirchen **Nuestra Señora de la Concepción** (18. Jh.) und San Juan Bautista (18. Jh.) sowie der Botanische Garten (Mo–Fr 9–15 Uhr). La Orotava, ein beliebtes Ziel von Tagesausflüglern, gilt zudem als die Ortschaft des Kunsthandwerks. Mehrere Läden, meist in historischen Prachtgebäuden untergebracht, haben sich auf typisch kanarische Handwerksprodukte spezialisiert. Hervorzuheben ist auch das einzigartige Museum für iberoamerikanische Handwerkskunst. Berühmt ist das hiesige **Fronleichnamsfest** (eine Woche nach dem kalendarischen Fronleichnam), bei dem auf dem Rathausplatz ein riesiger Teppich aus Blumen und buntem Sand ausgelegt wird.
5 km südl. von Puerto de la Cruz

SEHENSWERTES
Pueblochico
▶ Familientipps, S. 37

MUSEEN
Casa Tafuriaste/ Museo de Cerámica ▶ S. 69, b 2
Neueres Museum, das sich mit vielen interessanten Objekten der Keramik der Kanarischen Inseln und der Iberischen Halbinsel widmet. Dazu gehört auch eine Töpferwerkstatt, wo die Besucher zuschauen können, wie einzelne Objekte entstehen. Auch ein Shop ist angegliedert.
Calle León 3 • Tel. 9 22 32 14 47 • Mo–Sa 10–18, So 10–14 Uhr • Eintritt 2 €

Museo de Artesanía Iberoamericana ▶ S. 69, b 1
Große Sammlung iberoamerikanischen Handwerks, untergebracht in den Räumen des ehemaligen Klosters Santo Domingo. Schmuck, Textilien, Masken, Möbel, Flechtarbeiten, Puppen, Kultgegenstände und Keramik, auch von den Kanarischen Inseln und aus anderen Regionen Spaniens. Leider werden nur unzureichende Informationen geboten. Im Parterre befindet sich ein kleiner Laden für iberoamerikanisches Kunstgewerbe.
Calle Tomás Zerolo, 34 • Mo–Fr 9.30–18, Sa 9.30–14 Uhr • Eintritt 2,10 €

ÜBERNACHTEN

Victoria ▶ S. 69, b 3

Zentrale Altstadtlage • Niveauvolles Drei-Sterne-Hotel in einem kanarischen Adelshaus aus dem 16. Jh. Schöner Patio, freundlicher Service. Calle Hermano Apolinar, 8 • Tel. 9 22 33 16 83 • www.hotelruralvictoria.com • 14 Zimmer • ♿ • €€/€€€

ESSEN UND TRINKEN

Sabor Canario ▶ S. 69, b 2

Kanarische Spezialitäten • Lokal in einem der ältesten Gebäude der Altstadt. Zur zweistöckigen Villa zählen auch zwei schöne Innenhöfe. Kanarische Traditionsgerichte, Fleisch vom Grill, auch internationale bzw. spanische Gerichte. Weine aus dem Orotava-Tal. Angeschlossen sind ein Souvenirgeschäft und das **Hotel Rural** mit acht Zimmern.
Calle Carrera 17 • Tel. 9 22 32 27 93 • www.saborcanario.net bzw. www.hotelorotava.com • So geschl. • €€

Taoro ▶ S. 69, b 2

Delikate Hausmannskost • Restaurant und Konditorei seit 1916. Des deutschen Gründers wegen auch bekannt als Casa Egon. Schöne Terrasse, gemütliches Ambiente. Zünftige Hausmannskost, vorzügliche Konditorei, viele einheimische Stammgäste.

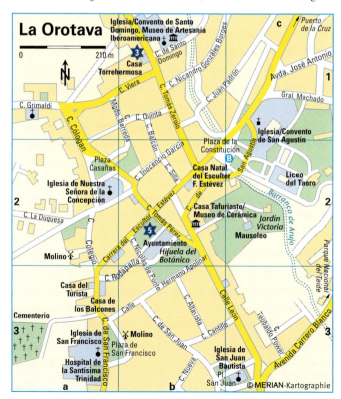

In der Casa de los Balcones (▶ S. 70) in La Orotava kann man Arbeiterinnen bei der Fertigung der traditionellen Hohlsaumstickereien über die Schulter schauen.

Calle León, 5 • Tel. 9 22 33 00 87 •
Di–So 12.30–20.30 Uhr • €

EINKAUFEN

Casa de los Balcones ▶ S. 69, a 3

Hier findet man ein umfassendes Angebot an kanarischen Handwerksprodukten, viele schöne Textilarbeiten aus Teneriffa, daneben allerdings auch billige Massenware aus Asien. Das Geschäft ist in einem typisch kanarischen Prachtgebäude aus dem 17. Jh. untergebracht.
Calle de San Francisco, 3

Casa del Turista ▶ S. 69, a 3

Große Auswahl an Kunsthandwerk von den Kanarischen Inseln, darunter Textilien, Trachten, Keramik, sowie diverse Artikel aus Südamerika.
Calle de San Francisco, 2

Casa Torrehermosa
▶ MERIAN-Tipp, S. 25

◎ Parque Nacional del Teide ✡   ▶ S. 115, F 11/12

Der rund 19 000 ha große Nationalpark besteht seit 1954 und stellt heute mit jährlich mehr als 3 Mio. Besuchern das bedeutendste Ausflugsziel Teneriffas dar. Eine relativ gut ausgebaute Straße führt durch den Nationalpark, die meisten Gäste kommen mit dem PKW oder in Ausflugsbussen. Die rund 2000 m hoch liegende bizarre Vulkanlandschaft mit ihren Lavafeldern, scharfkantigen Steinformationen, Felsen-, Sand- und Geröllhalden ist in jeglicher Hinsicht eine grandiose Sehenswürdigkeit.

Die dominierende Erhebung ist der 3718 m hohe **Pico del Teide**, das Wahrzeichen Teneriffas und Spaniens höchster Berg. Sein Alter wird auf 500 000 Jahre geschätzt. Er erhebt sich aus einer riesigen Caldera mit 17 km Durchmesser (Las Cañadas). Die Hänge sind kaum bewachsen.

Bedingt durch die Höhenlage und das einzigartige Klima existieren im Bereich des Nationalparks und der umliegenden Biotope mehrere Tier- und Pflanzenarten, die ausschließlich hier vorkommen. Zu diesen endemischen Pflanzen zählen beispielsweise der Teide-Ginster, das Teide-Gras sowie diverse Veilchen-, Natternkopf-, Moos- und Flechtenarten. Die Fauna umfasst diverse Eidechsen, Wildkaninchen, Mufflons, Wildkatzen, Raben, Turmfalken, Milane, Sperber, Felsentauben sowie den herrlich gezeichneten Teide-Fink.

Über die Entstehungsgeschichte der beeindruckenden Vulkanlandschaft, die Flora und Fauna informieren die **Informations- bzw. Besucherzentren El Portillo** (Tel. 9 22 29 01 29) und **Cañada Blanca** (neben dem Parador, Tel. 9 22 69 40 72). Es werden täglich kostenlose Führungen durch den Nationalpark veranstaltet (Voranmeldung: Tel. 9 22 29 01 29).

Besucher können mit der Drahtseilbahn (»teleférico«, Tel. 9 22 01 04 40, www.telefericoteide.com) zur 3555 m hoch gelegenen Plattform **La Rambleta** unterhalb des Teide-Gipfels hinauffahren. Der Preis für die Berg- und Talfahrt beträgt derzeit 25 €.

Von der Plattform La Rambleta genießt man einen spektakulären Blick über die Vulkanlandschaft und weite Teile Teneriffas bis über den Ozean und die Nachbarinseln.

Nahe der Plattform befindet sich die Schutzhütte **Refugio de Altavista** (nur Mai bis Okt. geöffnet, keine Bewirtschaftung, Übernachtung 12 €), hinauf führt ein anspruchsvoller Wanderweg, der Aufstieg dauert mehrere Stunden. Für den Ausflug zur Plattform bzw. zur Schutzhütte ist die Mitnahme warmer Kleidung erforderlich (▶ Touren und Ausflüge, S. 82). Für die Besteigung des Gipfels ist inzwischen eine behördliche Genehmigung erforderlich. Sie muss einige Tage vorher in Santa Cruz beantragt werden (Dirección del Parque Nacional del Teide, Calle Emilio Calzadilla, 5, 4. Etage; Mo–Fr 9–14 Uhr; Tel. 9 22 29 01 29; www.mma.es/parques/lared/teide). Durch diese strikte Regelung soll die sensible Natur der Gipfelregion geschützt werden.

18 km südl. von Puerto de la Cruz

ÜBERNACHTEN

Parador Nacional de las Cañadas ▶ S. 116, A 16

Luxus im Hochgebirge • Das Parador-Hotel befindet sich in reizvoller und ruhiger Lage unterhalb des Teide (nahe der Drahtseilbahn) auf einer Höhe von 2200 m. Angeschlossen sind eine Bar und ein Restaurant, sogar ein Pool steht bereit. Die Architektur ist im Stil eines anspruchsvollen Hochgebirgshotels gehalten. Busverbindung nach Puerto de la Cruz. Das Restaurant des Hauses serviert typisch kanarische Speisen und Weine. Vom Hotel aus bieten sich vorzügliche Wandermöglichkeiten durch die reizvolle Vulkanlandschaft an, es gibt mehrere gut markierte Routen.

Las Cañadas del Teide, La Orotava • Tel. 9 22 38 64 15 • www.parador.es, www.paradores.de • 35 Zimmer • ♿ • €€€

WUSSTEN SIE, DASS ...

... 1997 eine Studie über die wirbellosen Tiere im Teide-Nationalparks erarbeitet wurde? Danach leben hier 1052 Arten. Von diesen waren 409 bis zu diesem Zeitpunkt im Nationalpark unbekannt.

Der Süden
Sonne und Strand im Überfluss plus Trubel rund um die Uhr im Mekka der Badeurlauber. Touren ins gebirgige Hinterland führen in ruhigere Dörfer und vulkanisch geprägte Landschaften.

◀ Der Fischerhafen von Los Cristianos (▶ S. 77). Hier starten auch die Fähren nach La Gomera und El Hierro.

Die größten Vorzüge des Südens sind ein beständig sonnenreiches Klima, einige schöne Sandstrände und eine hochgradig entwickelte touristische Infrastruktur mit Unterhaltungsmöglichkeiten für jeden Geschmack. Nirgendwo sonst auf der Insel ist das Angebot an Unterkünften, Shoppingzentren, Vergnügungsparks, Bars und gastronomischen Betrieben so dicht und vielgestaltig wie in Playa de las Américas und Umgebung.

Rund um das Jahr wird der Inselsüden von Urlaubern aus vielen Ländern aufgesucht, insbesondere in den Wintermonaten, wenn im Osten oder Norden Europas Kälte, Eis und Schnee vorherrschen. Ausflüge von Playa de las Américas aus nach Nordwesten oder Nordosten führen in Gebiete, die weit weniger touristisch erschlossen sind. Vor allem die umliegenden Bergregionen führen dem Besucher auf eindringliche Weise den bizarren vulkanischen Charakter der Landschaft vor Augen.

Playa de las Américas
▶ S. 119, E 19

Welch eine Karriere! Um das Jahr 1965 entdeckte die Geschäftswelt diesen kargen, wenig fruchtbaren, kaum besiedelten, aber sonnenreichen Küstenabschnitt im Süden Teneriffas. Das war der Auftakt zu einem gigantischen, hastigen und weitgehend chaotischen Bauboom. Heute hat sich hier Teneriffas größtes touristisches Ballungsgebiet mit ungezählten Hotels, Restaurants, Läden, Bars, Video-, Shopping- und Freizeitcentern etabliert. Beinahe 100 000 Betten – von etwa 140 000 auf der ganzen Insel – bergen die hiesigen Hotelhochburgen und Apartmentanlagen. Der Boom machte die ehemals alles andere als finanzstarken Gemeinden Adeje und Arona (zur Letzteren zählt auch das Urlauberzentrum Los Cristianos) zu den reichsten Kommunen Teneriffas.

Wem es ausschließlich auf den Komfort von Luxushotels, auf Strandvergnügen, Sonne, Shopping- und Amüsierstätten ankommt, wer sich von Verkehrschaos und Parkplatzmangel, Dauerrummel und Animationsgetöse nicht abschrecken lässt, kann sich hier pudelwohl fühlen. Abertausende Urlauber demonstrieren dies Jahr um Jahr. Wer aber die Eigenheiten Teneriffas, die grandiosen Landschaften, die historischen Prachtbauten, die Stätten des Alltagslebens, die Herzlichkeit der Tinerfeños oder die traditionellen bäuerlichen Kulturen erleben möchte, wird Playa de las Américas oder das benachbarte Los Cristianos bald für Ausflüge in das malerische Hinterland verlassen.

Schon wenige Kilometer außerhalb von Playa de las Américas lässt die Intensivbebauung merklich nach. Hier findet man noch einfache Dörfer, stille Täler, Küstenabschnitte und

Waldgebiete ohne Rummel und Gedränge. Mit dem Leihwagen gelangt man beispielsweise in relativ kurzer Zeit in das noch nicht vom Tourismus vereinnahmte Bergdorf **Vilaflor**, das auf einer Höhe von ungefähr 1500 m liegt, oder zum bei Wanderern sehr beliebten **Barranco del Infierno** (▶ S. 89). Einen Ausflug wert sind auch die nahe der Ortschaft **El Médano** gelegenen Strände. Dabei reift die tröstliche Erkenntnis: Teneriffa ist auch heute noch weit mehr als nur Playa de las Américas.

ÜBERNACHTEN

Gran Hotel Bahía del Duque

Fantastische Architektur • Ein luxuriöses Hoteldorf auf 70 000 qm, konstruiert in einem Gemisch aus kanarischen, venezianischen und viktorianischen Stilelementen. Mitglied der »Leading Hotels of the World« und von »Tenerife Select«. Mehrere Schwimmbecken und Restaurants, großes Kongresszentrum, eigener Hotelstrand.
Avenida Bruselas s/n, Adeje • Tel. 9 22 74 69 00 • www.bahia-duque.com • 357 Zimmer, verteilt auf 20 Häuser • ♿ • €€€€

Jardín Tropical

Solider Komfort • Vier-Sterne-Hotel neben dem Jachthafen. Originelle, von maurischen Elementen inspirierte Bauweise, sehr geschmackvoll und edel ausgestattete Zimmer. Fünf Restaurants, Poollandschaft, Sonnenterrasse, Meerwasser-Schwimmterrassen am Strand, dazu ein Bio-Zentrum sowie gepflegte Gärten mit angeblich 16 000 Pflanzen. Solider Komfort auf allen Ebenen. Hotel und Restaurant wurden mehrfach für herausragende Leistungen mit Preisen ausgezeichnet. Eine herausragende Küche bietet vor allem das Restaurant **El Patio** (▶ S. 75) unter der Ägide des Spitzenkochs Juan Gálvez.
Calle Gran Bretaña, s/n, Adeje • Tel. 9 22 74 60 00 • www.jardin-tropical.com • 390 Zimmer • ♿ • €€€€

Bahía Princess

Komfort mit Niveau • Nahe am Meer gelegenes Vier-Sterne-Hotel. Pool, Bar, Sportanlagen, gediegen ausgestattete Zimmer, eigene Parkmöglichkeit. Beliebt bei internationalen Reiseagenturen.
Avenida Bruselas, 1 • Tel. 9 22 71 25 55 • www.princess-hotels.com • 275 Zimmer • ♿ • €€€

La Siesta

In Strandnähe • Rund 200 m vom Strand entfernt gelegenes Vier-Sterne-Hotel mit exzellentem Service zu reellen Preisen. Eine auffallend ruhige und erholsame Atmosphäre kennzeichnet den Innenbereich. Mit Swimmingpool, Sportmöglichkeiten und Konferenzräumen.
Avenida Rafael Puig Lluvinan, 21 • Tel. 9 22 79 23 00 • www.lasiesta-hotel.com • 277 Zimmer • ♿ • €€€

ESSEN UND TRINKEN

El Duque

Kulinarische Meisterschaft • Spitzenrestaurant im **Gran Hotel Bahía del Duque** (▶ S. 74). Luxuriöse Einrichtung, indirekte Beleuchtung, Plätze für lediglich 50 Personen. Man serviert eine kreative kanarische Küche, angereichert mit französischen und baskischen Rezepturen.
Avenida Bruselas s/n, Adeje • Tel. 9 22 74 69 00 • www.bahia-duque.com • nur abends geöffnet • €€€€

Urlauberparadies für Wasserratten und Sonnenanbeter: Playa de las Américas (▶ S. 73). Die touristische Infrastruktur ist hier so dicht wie kaum irgendwo sonst auf der Insel.

El Patio

Nobel und anspruchsvoll • Untergebracht im nobeln Hotel **Jardín Tropical**. Eines der anspruchsvollsten Restaurants im Süden Teneriffas. Fantasievolle, kreative Küche auf der Grundlage kanarischer und spanischer Traditionsrezepte. Besonders delikat: der Wolfsbarsch, die glasierte Birne mit Mandeln sowie die Wildgerichte (»perdiz asada«). Große Weinauswahl, auch aus der Ribera del Duero und der Rioja. Elegantes Interieur und schöne Terrasse.

Calle Gran Bretaña, s/n, Adeje • Tel. 9 22 74 60 00 • www.jardin-tropical.com • 19–23 Uhr, So, Mo geschl. • €€€€

Mesón Castellano

Gemütliches Ambiente • Tapas, Fisch- und Fleischgerichte auf zünftige, solide zubereitete Art. Beachtliche Weinauswahl mit vielen renommierten spanischen Marken.
Avenida Dominguez Alfonso (Resid. El Camisón) • Tel. 9 22 79 63 05 • www.mesoncastellano.com • €€

El Granero

Typisch und urig • Kleine, gemütliche Tasca mit spanischen und kanarischen Spezialitäten.
Calle El Granero, 16 (Tijoco) • Tel. 9 22 71 09 09 und 9 22 71 00 71 • So geschl. • €

EINKAUFEN
Kiosco Artenerife

Artenerife ist ein von der Inselregierung gefördertes Unternehmen zur Verbreitung des lokalen Kunsthandwerks. Neben dem Hauptgeschäft in La Orotava (▶ Casa Torrehermosa, MERIAN-Tipp, S. 25) gibt es auch eine Filiale am Strand von Playa de las Américas mit Keramik, Textilien, Messer, Körben etc.
Avenida Litoral (nahe Centro Comercial Veronicas)

De Vinos

Umfangreiche Auswahl an kanarischen Weinen, außerdem Weine und Spirituosen aus Spanien und anderen europäischen Ländern.
Residencial El Camisón, Local 11

AM ABEND
Casino

Roulette, Black Jack und Spielautomaten. Es besteht kein Krawattenzwang, der Personalausweis oder Pass muss jedoch vorgezeigt werden.
Avenida Marítima s/n (im Hotel Gran Tinerfe) • Tel. 9 22 79 12 00 • So–Do 20–3, Fr, Sa bis 4 Uhr • Eintritt 3 €

SERVICE
AUSKUNFT
Touristeninformation

Centro Comercial »City Center« (gegenüber Parque Santiago II, nahe Hotel La Siesta) • Tel. 9 22 79 76 68 • Mo–Fr 9–21, Sa, So, feiertags 9–15.30 Uhr

VERKEHR
Busbahnhof

Der Busbahnhof befindet sich in der Nähe der Autobahn gegenüber dem Hotel Bonanza. Es bestehen regelmäßige Verbindungen zu allen größeren Ortschaften der Insel.
Tel. 9 22 79 54 27 (TITSA-Büro)

Ziele in der Umgebung
◉ Arico ▶ S. 121, D 21
7600 Einwohner

An den Cañadas-Hängen gelegene Ortschaft. Viel Stille und die Erfordernisse der Landwirtschaft prägen Arico. Gepflegter Ortskern mit grün gestrichenen Fenstern und Türen. Die örtliche Genossenschaft vinifiziert die in der Comarca Abona meist auf Vulkanschlacke gewachsenen Trauben. Der originellste, stark von vulkanischen Substanzen geprägte Weißwein heißt »Flor de Chasna«. Uneingeschränkt empfehlenswert ist auch der von der Genossenschaft hergestellte Ziegenkäse. Einige Projekte des ländlichen Tourismus stehen erst am Anfang, sollen aber noch ausgebaut werden.
30 km nordöstl. von Playa de las Américas

ÜBERNACHTEN
Aricotur

Wohnen auf dem Lande • Dieses Unternehmen vermittelt Unterkünfte in restaurierten Herrenhäusern oder kleinen Pensionen der Gegend.
Carretera General, 11 • Villa de Arico • Tel. 9 22 16 11 33

Viña Vieja

Ländliches Flair • Zum Hotel umgebautes Herrenhaus im historischen Kern der Ortschaft. Schöner Blick auf einen Barranco. Die Betreiber

des Hauses fühlen sich dem ländlichen Tourismus verbunden und bieten Käse und Wein aus der Gegend an.
Arico el Nuevo • Tel. 9 22 16 11 31 • 8 Zimmer, 3 Suiten • ♿ • €€/€€€

◎ Los Cristianos ▶ S. 119, E 19
Zählt zur Gesamtgemeinde Arona mit 103 600 Einwohnern

Der Ort mit den hoch aufragenden Hotelkomplexen grenzt im Südosten direkt an Playa de las Américas und hat sich ebenfalls zu einem gigantischen Ballungsgebiet des Massentourismus entwickelt. Allerdings haben rund um die zentrale Plaza und am Hafen einige Straßenzüge mit traditioneller Bausubstanz überdauern können. Weiter, zumeist dicht bevölkerter Sandstrand. Los Cristianos ist wichtige Ablegestation für Fähren nach La Gomera, El Hierro und La Palma. Vom Hafen aus starten auch Schiffe zu Hochsee-Angeltouren.
3 km südl. von Playa de las Américas

ÜBERNACHTEN
Arona Gran Hotel
Gediegenes Niveau • Nahe dem Meer gelegenes Vier-Sterne-Hotel mit hohem Komfort. Poolanlage, Sonnenterrasse, Gärten, Restaurants und Bars, Fitnesscenter.
Avenida Juan Carlos I • Tel. 9 22 75 06 78 • www.aronahotel.com • 403 Zimmer • ♿ • €€€

ESSEN UND TRINKEN
El Rincón del Marinero
Herzhafte Fischgerichte • Renommiertes Fischlokal mit fangfrischen Primärprodukten.
Muelle de los Cristianos • Tel. 9 22 79 35 53 • €€

El Sol
Französische Rezepturen • Solide Küche mit ländlichen französischen Gerichten. Spezialität des Hauses ist Hühnchen à l'Arlesienne. Beachtliche Auswahl spanischer Weine.

Eine Vielzahl von Segelschiffen ankert vor dem beliebten Feriendomizil Los Cristianos (▶ S. 77) im Süden der Insel. Das einstige Fischerdorf hat eine steile Karriere gemacht.

Transversal General Franco s/n • Tel. 9 22 79 05 69 • Mo, Mai, Juni und erste Julihälfte geschl. • €€

SERVICE

AUSKUNFT
Centro Cultural
Calle General Franco s/n (gegenüber der BP-Tankstelle) • Tel. 9 22 75 71 37 • Mo–Fr 9–15 Uhr

Zähe Erosionskräfte formten die Tuffsteinkegel des Paisaje Lunár (▶ S. 79).

◉ El Médano ▶ S. 120, C 23

Zählt zur Gesamtgemeinde Granadilla de Abona mit 38 300 Einwohnern

Östlich des Flughafens Reina Sofia gelegene Küstenortschaft. Wegen des nahezu ständigen Windes das bedeutendste Surfzentrum Teneriffas. Der Wind beschert den örtlichen Stränden aber auch häufig Flugsand, was die Badefreuden beeinträchtigen kann. Östlich und westlich der Ortschaft liegen attraktive Sandstrände, beliebt sind insbesondere die Playa de la Tejita und die Playa de la Rajita. Busverbindungen mit Santa Cruz und Playa de las Américas. Nahebei befinden sich große Bananen- und vor allem Tomatenplantagen.

Mehrere beliebte Fischrestaurants gibt es in dem 6 km westlich von El Médano gelegenen Fischerdorf **Los Abrigos**. Zwei am besten, direkt am Hafen liegenden Restaurants heißen **La Langostera** und **Los Abrigos** mit herrlichem Meerblick.

25 km östl. von Playa de las Américas

ÜBERNACHTEN
Playa Sur Tenerife

Direkt am Meer • Etwa 300 m vom Dorfplatz entfernt am Strand gelegenes Drei-Sterne-Hotel. Meerwasserpool, Surfschule neben dem Hotel.
La Plaza, 118 • Tel. 9 22 17 61 20 • www.hotelplayasurtenerife.com • 70 Zimmer • €€/€€€

◉ Vilaflor ⑩ ▶ S. 120, A 21/22
2000 Einwohner

Das reizvolle, von Pinienwäldern umgebene Bergdorf liegt nordöstlich von Playa de las Américas am Fuße der Cañadas und gilt mit einer Höhenlage von ungefähr 1500 m als die höchstgelegene ganzjährig besiedelte Ortschaft Spaniens. Von der Südküste erreicht man Vilaflor über Serpentinenstraßen, entweder via Arona oder via Granadilla. Zwischen den Touristenzentren an der Küste und Vilaflor liegen Welten. Trotz des regen Besucherverkehrs hat sich Vilaflor den Charme eines Bergdorfs bewahrt. Ungetrübte Stille, saubere Luft, ein frisches, freilich im Winter oft kühles und zugiges Klima, dazu solide restaurierte Häuser und eine malerische Lage mit wundervollem Panorama prägen das Erscheinungsbild. In der Umgebung werden auf vulkanischen Böden Weintrauben und vor allem Kartoffeln angebaut. Reizvolle Wanderwege führen in die Gebirgsregion der Cañadas, in die **Montaña de Chasna** und zur bizarren Tuffsteinformation **Paisaje Lunár**. Wanderern und Naturfreunden bietet Vilaflor vorzügliche Bedingungen.

Im Ort gibt es mehrere einfache, auf kanarische Traditionsgerichte spezialisierte Restaurants (Los Molinos, El Mirador, Chasna, Manolo). Überragt wird Vilaflor von dem Berg **El Sombrerito**; hier wird ein beliebtes Mineralwasser gewonnen. Zu den kunsthandwerklichen Spezialitäten zählen filigrane Stickereien, Rosetas genannt. In der Umgebung wachsen einige besonders alte und mächtige Pinien, manche bis zu 40 m hoch.

Vom Ort aus führt die TF 21 hinauf zur **Boca del Tauce** und dann weiter in den **Teide-Nationalpark** ✡. Die Straße wurde 1941 bis 1943 während der Franco-Diktatur von politischen und anderen Strafgefangenen (v. a. Katalanen, Basken und Kanariern) angelegt. Die meist republikanisch gesinnten Gefangenen des 91. Strafbataillons (ca. 500 Männer) waren in Vilaflor stationiert. Das unwirtliche Klima, die Erniedrigungen und die harte Arbeit führten dazu, dass viele der Zwangsarbeiter starben. Einige Überlebende wurden nach Fertigstellung der Straße nach Nordafrika oder Madrid verschleppt.

Vilaflor zählt heute zu den reizvollsten Ausflugszielen im Süden Teneriffas. Busverbindungen bestehen nach Playa de las Américas, Granadilla und Santa Cruz.

30 km nordöstl. von Playa de las Américas

WUSSTEN SIE, DASS …

… es in der Nähe von Vilaflor die am höchsten gelegenen Rebflächen Europas gibt? Im Anbaugebiet D. O. Abona liegen einige der Rebkulturen auf einer Höhe von 1800 m.

ÜBERNACHTEN/ESSEN UND TRINKEN

Hotel Spa Villalba

Stilvoller Luxus im Gebirge • Komfortables Hotel mit besonderem Flair in einzigartiger Höhenlage (1600 m), ruhig am Ortsrand gelegen. Das von alten Pinien und schönen Terrassen umgebene Haus verfügt über große, komfortable Zimmer und ein sehr gepflegtes Restaurant (verfeinerte kanarische Traditionsgerichte und solides Angebot an kanarischen Weinen). Angeschlossen ist auch ein Spa, in dem Schönheitsbehandlungen und Massagen gebucht werden können. Wanderrouten in direkter Umgebung. Carretera San Roque s/n • Tel. 9 22 70 99 30 • www.reveronhotels.com • 22 Zimmer • €€€€

Casa Chicho/El Sombrerito

Kanarische Traditionsgerichte • Pension (mit Heizung) und Restaurant auf anspruchsvollem Niveau. Die erste Adresse im Dorf. Rustikale Einrichtung mit Objekten aus dem bäuerlichen Alltagsleben. Auf den Tisch kommen Puchero, Suppen, Kaninchen- und Ziegengerichte, hausgemachter Maispudding mit Honig, Ziegenkäse, kanarische Weine. Santa Catalina, 15 • Tel. 9 22 70 90 52 bzw. 9 22 70 92 00 • 20 Zimmer • €€

EINKAUFEN

Bodegas de Vilaflor

▶ grüner reisen, S. 21

Ziemlich abenteuerlich: die Straße nach Masca (▶ S. 85) im Teno-Gebirge. Dann und wann eröffnen sich atemberaubende Blicke über Felsen und Meer.

Touren und Ausflüge

Organisierte Rundfahrten und Ausflüge werden von allen örtlichen Veranstaltern angeboten. Wer unabhängig sein möchte, greift auf einen Leihwagen zurück.

Von La Laguna zum Teide-Nationalpark – Grüne Wälder und bizarre Lava

CHARAKTERISTIK: Diese Tour führt in die reizvolle Vulkanlandschaft rings um den 3718 m hohen Pico del Teide, den höchsten Berg Spaniens DAUER: Halbtages- oder Tagesausflug LÄNGE: 50 km EINKEHRTIPP: Parador-Hotel (▸ S. 71), Las Cañadas del Teide, Tel. 9 22 38 64 15, www.parador.es €€€ AUSKUNFT: Info-Zentrum Teide-Nationalpark, El Portillo (an der TF 21), Mo – Fr 9 – 16 Uhr; hier auch Buchung geführter Gruppenexkursionen (Tel. 9 22 29 01 29)
KARTE ▸ KLAPPE VORNE UND S. 113, F 6 – S. 116, A 16

Die Straße durch den Teide-Nationalpark liegt auf mehr als 2000 m Höhe, es kann hier windig, kalt und neblig werden. Auch wenn in den Küstenregionen die Sonne scheint: Nehmen Sie auf diesen Ausflug unbedingt wärmende Kleidung, solide Schuhe und einen Schal, wenn möglich auch ein Fernglas mit. Ratsam ist dies vor allem dann, wenn Sie als Ergänzung zu dieser Tour ab einer Höhe von 2356 m mit der Seilbahn zur Plattform **La Rambleta** hinaufbefördert werden möchten, die sich auf 3555 m befindet und meist äußerst reizvolle Blicke über Teneriffa und die Nachbarinseln ermöglicht. Oben kann es empfindlich kalt und zugig sein. Noch ein Ratschlag: Brechen Sie möglichst schon am frühen Vormittag auf, die besagte Drahtseilbahn ist gewöhnlich nur bis 16 Uhr (letzte Abfahrt) in Betrieb. Später als um 14.30 Uhr sollte man dort besser nicht eintreffen.

La Laguna ▸ Mirador Ortuño

Unsere Tour beginnt in der Universitätsstadt **La Laguna**, wo im Süden der Stadt die C-824 in Richtung La Esperanza abzweigt. Wir folgen der C-824 und erreichen nach wenigen Kilometern den von der Landwirtschaft geprägten Ort **La Esperanza** – besonders an Wochenenden ein beliebtes Ausflugsziel der Städter aus Santa Cruz und La Laguna. Zahlreiche Ausflugsgaststätten – wie der beliebte Bodegón Campestre – säumen den Weg. An Sonntagen duftet es hier nach gegrilltem Fleisch; reichlich hauseigener Wein wird ausgeschenkt. Ganze Großfamilien finden sich dann ein, um in gemütlicher Runde den Alltag zu vergessen.

Hinter La Esperanza steigt die C-824 in Kehren auf eine Höhe über 1000 m an. Den Wald rechts und links prägen einige Eukalyptusbäume, vor allem aber Kanarische Kiefern (Pinus canariensis). Dieser Charakterbaum Teneriffas gedeiht in Höhen zwischen 1000 und 2000 m, wird meist 20 bis 30 m hoch. Er kommt mit wenig Wasser aus (die Luftfeuchtigkeit kondensiert an den langen Nadeln der Bäume), ist durch die dicke Rinde und den hohen Harzgehalt erstaunlich feuerbeständig und regeneriert sich nach Bränden relativ schnell. Deutlich wird dies etwa im Bosque de la Esperanza rechts und links der C-824, wo im Sommer 1995 ein großes Feuer ausbrach, das mehr als 1500 ha Kiefernwald erfasste.

Wir fahren weiter durch den dichten Kiefernhain, vorbei an der **Bar Las Lagunetas** (Reitmöglichkeiten) zum **Mirador Ortuño**, der uns zum ersten Mal einen unverstellten Blick auf den Gipfel des Teide beschert.

Mirador Ortuño ▶ La Rambleta

Weiter durch das Wäldchen zweigt links die Straße nach Arafo ab, geradeaus folgen rechts der **Mirador les Cumbres**, dann die Höhe **La Crucita** (1980 m), die – eine Rarität – einen Ausblick sowohl zur nördlichen als auch zur südlichen Küste erlaubt. Die Straße steigt an, und nun – bereits auf über 2000 m Höhe – ändert sich drastisch die Vegetation; Kiefern gedeihen hier nicht mehr. Der vulkanische Charakter dieser Bergregion wird jetzt deutlich. Verschiedenfarbig leuchten die Vulkanböden, links taucht das markante Observatorium auf, Wind pfeift über die Höhe. Wir erreichen die Kreuzung am **Portillo de las Cañadas**, wo die C-824 auf die TF 21 trifft, der wir weiter folgen.

Unweit der Kreuzung, schon an der TF 21 gelegen, stößt man auf das **Informationszentrum** des Teide-Nationalparks, das ähnlich wie das nahebei gelegene Besucherzentrum Cañada Blanca unbedingt einen Besuch lohnt. Weiter auf der TF 21, wo jetzt das Areal des knapp 19 000 ha großen, 1954 eingerichteten **Teide-Nationalparks** 9 beginnt.

Die Fahrt führt nun auf der TF 21 durch eine weitläufige bizarre Vulkanlandschaft von außergewöhnlich grandioser Schönheit. Lava, Asche, erkaltete Schlackefelder, von mächtigen Eruptionen herausgeschleuderte Felsblöcke, glänzend schwarzer Obsidian auf beiden Seiten der Straße. Nach wenigen Kilometern biegt rechts eine Stichstraße ab, die zur Drahtseilbahn führt, mit der man auf eine Höhe von 3555 m bis zur Plattform **La Rambleta** gelangen kann. Von hier aus genießt man an klaren Tagen ein einzigartiges Panorama über die Inselwelt der Kanaren.

La Rambleta ▶ Boca del Tauce

Folgt man der TF 21 weiter durch den Nationalpark, erreicht man bald das **Parador-Hotel**, das angrenzende Besucherzentrum **Cañada Blanca** (Tel. 9 22 69 40 72) sowie nahebei den viel besuchten Aussichtspunkt **Mirador**

Im Winter ist die Gipfelregion des Teide (▶ S. 70) häufig mit Schnee bedeckt.

Los Roques. Hier eröffnet sich nach Südwesten hin ein grandioses Panorama über eine weite, von vulkanischen Kräften geschaffene Ebene, die sich bis zur **Boca del Tauce** (Grenze des Nationalparks) zieht.

Unsere Route endet hier. Die Rückfahrt nach La Laguna ist auf dem gleichen Weg wie die Hinfahrt oder ab dem **Portillo de las Cañadas** (Informationszentrum) auf der TF 21 über La Orotava und die Autobahn Richtung La Laguna möglich.

Von Buenavista nach Arguayo – Serpentinen, Vulkanlandschaft und weite Blicke

CHARAKTERISTIK: Hauptattraktion dieser Tour ist das Teno-Gebirge, eine markante Kulturlandschaft im äußersten Westen Teneriffas DAUER: Halbtages- oder Tagesausflug LÄNGE: 50 km EINKEHRTIPP: Bar-Restaurant Casa Fidel im Ort Masca an der Durchgangsstraße, Tel. 9 22 86 34 57 €
KARTE ▶ S. 114, B/C 10/11

Die küstennahe Zone wird als Teno Bajo, die höher gelegene als Teno Alto bezeichnet. Während der Guanchen-Epoche und auch in den folgenden Jahrhunderten war vor allem der Teno Alto eine Region florierender Landwirtschaft und Viehzucht. Wein und Getreide wurden angebaut, Ziegen und Schafe gezüchtet. Heute gilt das nur noch spärlich besiedelte Gebiet – abgesehen vom Teide-Nationalpark – als das am wenigsten entwickelte Teneriffas.

Buenavista ▶ Punta de Teno

Unsere Route beginnt im Ort **Buenavista**, dessen Bevölkerung vor allem vom Bananenanbau lebt. Viele Arbeiter sind sogenannte »medianeros«. Sie erhalten für ihre Arbeit auf den Bananenfeldern die Hälfte (»el medio«) der Ernte, die andere Hälfte bekommt der Plantagenbesitzer.

Am Südrand von Buenavista zweigt Richtung Westen die Straße nach Punta de Teno ab. Bisweilen – besonders nach Unwettern – kann es auf dieser Strecke zu Steinschlag kommen; dann wird die Straße vorübergehend gesperrt. Lassen Sie in jedem Fall bis zum Mirador de Don Pompejo besondere Vorsicht walten!

Die Route steigt an und erreicht den Aussichtspunkt **Mirador de Don Pompeyo**. Von hier blickt man weit über die Bananenplantagen an der Nordküste und nach Süden hin auf die ein wenig öde wirkende Küste im Bereich Teno Bajo nahe dem Leuchtturm. Die Straße windet sich weiter hinauf, durchquert einen Tunnel und führt dann hinab in die von Steinen übersäte Küstenebene.

Der Weg endet an der **Punta de Teno** nahe dem Leuchtturm. Meist weht an dieser Stelle ein kräftiger Wind. Hier, am westlichsten Punkt der gesamten Insel, erkennt man die Nachbarinseln La Palma und La Gomera in der Ferne und überblickt weite Teile der zerklüfteten Südküste. Mit etwas Glück kann man in dem Meeresabschnitt zwischen der Punta de Teno und der Insel La Gomera auch Walfische und Delfine beobachten.

Punta de Teno ▶ Masca

Wir fahren nun wieder zurück nach Buenavista und wählen dort am Ortsrand die nach Süden abbiegende Route in Richtung Masca und Santiago del Teide. Zwischen kleinen Terrassenfeldern steigt die Straße an. In der Straßensiedlung **El Palmar** geht es rechter Hand in Richtung Teno Alto ab. Serpentinen, rechts und links der Strecke erkennt man Kakteen, Feigenbäume, verwaiste Terrassen, vertrocknete Reben. Auf dem Gipfel des Höhenzugs ändert sich die Vegetation: Hier herrscht dichtes Buschwerk aus Baumheide und Brombeeren vor, dazwischen kleine Felder und rötlich gefärbter Boden.

Im Weiler **Teno Alto** endet die asphaltierte Straße. Das Dorf besteht aus einem Dutzend Häuser, der Bar Los Bailaderos (rustikale kanarische Gerichte), einer Kapelle und der Bar Teno Alto, die auch als Lebensmittelgeschäft dient, in dem u. a. Safran aus der Region und Ziegenkäse verkauft werden. Mehrere ausgeschilderte Wanderwege beginnen in Teno Alto, darunter auch ein Fußweg, der hinab zum Leuchtturm führt, den wir kurz zuvor besucht haben. Wohin man sich auch wendet: karge Höhenzüge und steile Schluchten, viel Trockenheit und Wind, kaum Landwirtschaft, ein wenig Ziegenzucht.

Jetzt geht es wieder zurück nach El Palmar und dann auf der kurvenreichen Landstraße weiter südwärts. Erneut verwaiste Terrassenfelder, viele Kakteen, Ginster, kaum ein Haus, steil zum Meer hin abstürzende Barrancos, Greifvögel über den Felsen, Blicke hinunter zur Südküste. Schließlich erreicht man **Masca**, ein beiderseits der Straße am Hang gelegenes Bergdorf mit kultivierten Terrassen in der Umgebung. Masca war einst ein verschlafenes Nest im Teno Alto, ist aber längst als Touristenziel entdeckt worden. Busse und PKWs parken am Rand der engen Straße, Besuchergruppen spazieren umher.

Von Masca aus führt eine anspruchsvolle und manchmal schwierige Wanderroute durch eine beeindruckende Schlucht steil hinab zum Meer (▶ S. 88). Etwa vier Stunden geht man bis zur Küste, weitere fünf Stunden braucht man, um wieder nach Masca aufzusteigen.

Masca ▶ Arguayo

Die Tour folgt weiter der kurvenreichen Landstraße. Von einer Passhöhe erblickt man den Gipfel des Teide. Dann führt die Straße zum Ort **Santiago del Teide** (Tankstelle) hinab, wo man die TF 82 erreicht. Auf ihr fahren wir etwa 1 km südwärts, bis zu einer Kreuzung, wo links eine Straße in Richtung Arguayo abbiegt.

1909 brach hier ganz in der Nähe der Vulkan Chinyero aus, Lavaströme ergossen sich talwärts bis nach Arguayo und bis dicht an Santiago del Teide heran. Noch heute sind hier die drastischen Auswirkungen dieser Vulkaneruption zu erkennen.

Arguayo selbst ist ein kleines, unspektakuläres Dorf. Aber zwei Attraktionen sollte man nicht versäumen, ehe diese Tour endet. Zunächst: Arguayo war einst ein Zentrum der hiesigen Getreideproduktion. Die Ernte wurde traditionell auf großen kreisrunden Dreschplätzen, sogenannten »eras«, gedroschen. Heute sieht man »eras« im Westen Teneriffas immer seltener, aber in Arguayo hat man links der Straße, die durch den Ort führt, insgesamt acht »eras« aus Vulkansteinen rekonstruiert. Das Areal wurde in einen Picknickplatz umgewandelt und trägt den Namen **Parque San Isídro**.

Etwas weiter der Straße folgend finden wir rechter Hand ein kleines, jedoch hochinteressantes Keramik-Museum, das **Centro Alfarero** (Di–So 10–13 und 16–19 Uhr). Hier wird demonstriert, wie die typischen Töpferwaren der Gegend nach altem Brauch ohne Töpferscheibe mit der Hand geformt werden. Arguayo war stets auch ein Zentrum der Töpferkunst. Junge Keramik-Kunsthandwerker aus der Region haben die alte Tradition wiederbelebt und zeigen in dem besagten Museum einige Objekte aus der Geschichte des hiesigen Töpferhandwerks.

Von der Ermita Cruz del Carmen nach Chamorga – Begegnung mit dem grünen Norden

CHARAKTERISTIK: Diese Tour mit dem Fahrrad kreuzt dichte Baumheide- und Lorbeerwälder und eröffnet unterwegs einzigartige Blicke über die Felsenriffe, Schluchten und bewaldeten Hänge des Anaga-Gebirges, das erdgeschichtlich als das älteste Teneriffas gilt **DAUER:** Tagesausflug **LÄNGE:** ca. 25 km **EINKEHRTIPP:** keiner
KARTE ▶ S. 110/111, B 2–D 1

Einige wichtige Bemerkungen vorweg. Wir folgen radelnd einer asphaltierten Straße, die zum größten Teil auf dem Höhenzug des **Anaga-Gebirges** 7 verläuft. Einige Steigungen sind nicht zu vermeiden, sie sind aber keinesfalls extrem. Ein Mountainbike benötigt man für diesen Ausflug nicht, es genügt ein solides Tourenrad mit Gangschaltung. Wie aber bekommt man sein Fahrrad hinauf zur Ermita Cruz del Carmen, dem Ausgangspunkt dieser attraktiven Route? Am bequemsten: Sie leihen sich ein genügend großes Auto und transportieren das eigene oder geliehene Fahrrad bzw. die Fahrräder hinauf zur Ermita, lassen das Auto stehen und genießen fortan einen Tag im Fahrradsattel.

Die zweite Möglichkeit: Sie begeben sich mit dem Fahrrad zum Busbahnhof in **La Laguna**, von wo aus mehrere Busse pro Tag sowohl zum Aus-

Auf winzigen Terrassenfeldern versuchen die Bauern der äußerst spärlich besiedelten Montañas de Anaga (▶ S. 55) dem gebirgigen Land Erträge abzutrotzen.

gangspunkt als auch zum Endpunkt unserer Route abfahren. Bitten Sie den Busfahrer, der Sie hinauf ins Anaga-Gebirge bringt, auch Ihren Drahtesel (im Gepäckraum des Busses) mitzunehmen – für gewöhnlich wird dieser Wunsch erfüllt. Wer beabsichtigt, von La Laguna aus die rund 10 km bis hinauf zur Ermita Cruz del Carmen mit dem Fahrrad zu fahren, sei gewarnt. Völlig unmöglich ist es nicht, aber die Straße steigt in Serpentinen steil an.

Ermita Cruz del Carmen ▶ Chinobre

Direkt bei der **Ermita Cruz del Carmen** befindet sich ein Parkplatz, ein Mirador mit Blick auf La Laguna und den Bosque de la Esperanza sowie ein kleines Informationszentrum (unregelmäßige Öffnungszeiten). Vor dem Info-Zentrum wurden einige der typischen Baumarten dieser Gegend, denen wir auf unserer Route immer wieder begegnen werden, angepflanzt. Dazu zählen diverse Lorbeerarten, Baumheide, Eiben. Aber nun endlich los. Die Fahrt führt durch den Wald. Nach etwa 1 km biegt rechts eine Straße ab, die uns nach kurzer Zeit zum **Mirador Pico del Inglés** bringt, wo die Straße endet. Die Aussicht von diesem Mirador ist wirklich spektakulär. Nach Norden hin blickt man über Felsenriffe und grüne Täler hinweg bis zur Küste nahe den kleinen Ortschaften Taborno und Afur. Nach Süden hin erkennt man deutlich den Barranco, der hinabführt bis Barrio de la Alegría, einem Vorort von Santa Cruz.

Zurück vom Mirador auf die Hauptstraße und dann weiter durch den dichten Wald ostwärts. Immer wieder bieten sich von dieser Höhenstraße aus Blicke nach links oder rechts auf die zum Meer hin abfallenden Hänge. Links biegt eine Straße nach Afur ab. Dann folgt rechts wieder ein **Mirador** mit Blick nach Süden bis hinunter zur Küstenortschaft San Andrés. Weiter geht's auf dem Höhenweg, links unten nahe der Küste ist bereits die Ortschaft Taganana zu erkennen. In früherer Zeit wurde dort unten Wein angebaut.

Die Straße teilt sich nun. Links biegt sie hinunter nach Taganana ab, wir halten uns jedoch rechts Richtung Chamorga und folgen weiter der Höhenstraße. Gewöhnlich herrscht auf dieser Route nur sehr wenig Verkehr. Eine wohltuende Stille. Wiederum Gehölz rechts und links, Lorbeer und Baumheide, manche Bäume erreichen 10 m Höhe und mehr.

Chinobre ▶ Chamorga

Wir erreichen den Höhenzug **Chinobre**. Links biegt ein unasphaltierter Weg durch den Wald ab, auf dem man nach etwa 2 km auf den **Mirador Cabezo del Tejo** stößt. Der Abstecher lohnt unbedingt. Am Ende des Waldwegs blickt man über die bewaldeten Hänge und die kleinen Weiler Benijo und El Draguillo unten an der Küste. Zurück zur Höhenstraße. Abermals liegt zur Rechten ein Mirador (Blick auf Iguéste), nun radeln wir abwärts, und wenig später erkennt man rechts die auf einem Felsenriff gelegene Ortschaft **Lomo de las Bodegas**. Dann ein Tunnel, und schon führt die Straße hinab nach **Chamorga**: ein Kirchlein, ein Schulhaus, eine Bushaltestelle, Palmen, Kastanienbäume und mehr als ein Dutzend alter Drachenbäume. Hier findet unsere Tour ihren Abschluss. Am Ende der Ortschaft liegt die Bar Casa Alvaro, die mit etwas Glück geöffnet hat. Dann kann man sich hier mit einem Getränk stärken.

Durch die Masca-Schlucht – Wanderung durch die wilde Gebirgswelt

CHARAKTERISTIK: Die Tour durch den Barranco bis zum Meer zählt zu den anspruchsvollsten und eindrucksvollsten Wanderrouten auf Teneriffa DAUER: Tagesausflug LÄNGE: 10 km (hin und zurück) EINKEHRTIPP: Bar-Restaurant Casa Fidel, Masca, Carretera General, Tel. 9 22 86 34 57 €
KARTE ▶ S. 114, B/C 11

Die Tour durch die Masca-Schlucht führt durch eine bizarre Basaltlandschaft.

Mehrere Veranstalter in Playa de las Américas oder Puerto de la Cruz bieten von ortskundigen Führern geleitete Wanderungen durch den Barranco von Masca an. Bei speziellen Arrangements werden die Gruppenwanderer nach dem Abstieg durch die Schlucht an der Playa de Masca von einem Boot abgeholt und nach Los Gigantes gebracht. Der anstrengende Rückweg (Aufstieg) nach Masca entfällt somit.

Wer nur über geringe Wandererfahrung verfügt, sollte sich unbedingt einer geführten Gruppentour durch die Schlucht von Masca anschließen. Auch routinierte Wanderer sind angehalten niemals allein, sondern mindestens zu zweit durch die Schlucht gehen, damit einer im Notfall Hilfe herbeiholen kann. Vor allem der Aufstieg ist mühsam und erfordert eine tadellose körperliche Verfassung.

Von Buenavista bzw. Santiago del Teide aus erreicht man **Masca** auch mit dem Linienbus. Wer mit dem Leihwagen nach Masca anreist, findet dort nur wenige Parkplätze längs der Straße. Der Weg in die Schlucht beginnt nahe dem Centro Cultural und führt an der Casa Enrique vorbei talwärts. Brombeeren, Lavendel, wilde Mandelbäume, Agaven und Palmen säumen den Pfad.

Mehrfach muss das Bachbett auf Stegen überquert werden. Der Pfad ist nicht zu verfehlen, an wuchtigen Basaltblöcken und mehrfarbigem Vulkangestein führt er durch die Sohle der Schlucht bis zur **Playa de Masca**. Etwa vier Stunden braucht man für den gemächlichen Abstieg. Ein zünftiges Picknick hat sich der Wanderer nun redlich verdient. Der Rückweg durch die Schlucht wird anstrengend. Rund fünf Stunden dauert der kräftezehrende Aufstieg, dann ist wieder Masca erreicht.

HAUPTSACHE UNGEWÖHNLICH.

Hauptsache zu zweit: Das neue MERIAN-Buch zeigt Trauminseln für die Flitterwochen, begleitet Liebende, Freunde und ungleiche Paare zu nahen und fernen Zielen. Und präsentiert die verrücktesten Orte, an denen man eine Nacht verbringen kann. Die Reportagen und spektakulären Fotografien werden von 90 Reise-Ideen ergänzt, die mit Tipps und Adressen zum Nachmachen anregen. ISBN 978-3-8342-1179-8, € 24,95 (D), € 25,70 (A). WWW.MERIAN.DE

MERIAN
Die Lust am Reisen

Der Parque Etnográfico de Güímar
(▶ MERIAN-Tipp, S. 56) umschließt eine
einstige Guanchenresidenz mit pyramidenförmigen Terrassenbauten.

Wissenswertes
über Teneriffa

Nützliche Informationen für einen gelungenen Aufenthalt: Fakten über Land, Leute und Geschichte sowie Reisepraktisches von A bis Z.

Auf einen Blick

Mehr erfahren über Teneriffa – Informationen über Land und Leute, von Bevölkerung über Politik und Sprache bis Wirtschaft.

AMTSSPRACHE: Spanisch
EINWOHNER: 899 833
FLÄCHE: 2034 qkm
GRÖSSTE STADT: Santa Cruz de Tenerife
HÖCHSTER BERG: Pico del Teide (3718 m)
INTERNET: www.tenerife.es
RELIGION: römisch-katholisch
WÄHRUNG: Euro

Bevölkerung

Auf den Kanaren leben rund 2,1 Mio. Menschen, davon etwa 900 000 auf Teneriffa. Das sind ca. 425 Einwohner pro qkm. Bevölkerungszahlen der Gemeinden – nicht des Hauptorts: Santa Cruz 222 320, La Laguna 145 000, Arona 103 682, Adeje 76 108, Puerto de la Cruz 47 284, La Orotava 40 748, Los Realejos 38 543, Icod de los Vinos 24 147. Hauptstadt ist Santa Cruz de Tenerife, die Metropole des studentischen Lebens ist La Laguna (mit rund 20 000 Studenten).

Lage und Geografie

Die rund 1300 km vom spanischen Festland entfernt gelegene Vulkaninsel ist ca. 80 km lang und bis zu 50 km breit. Sie entstand vor 7 bis 5 Mio. Jahren. Die ältesten Landpartien liegen im Anaga- und im Teno-Gebirge sowie im äußersten Süden. Im Zentrum befindet sich das 12 mal 17 km große Vulkanmassiv Las Cañadas-Caldera mit dem Pico del Teide (3718 m).

◂ Erholsames Bummeln in den Parkanlagen von Puerto de la Cruz (▸ S. 59).

Politik und Verwaltung

Spanien ist in 17 autonome Regionen (Comunidades Autónomas) unterteilt, eine davon bilden die Kanarischen Inseln (Comunidad Autónoma de Canarias). Innerhalb der Kanaren unterscheidet man zwei Provinzen, die eine – Santa Cruz de Tenerife – mit den westlichen Inseln Teneriffa, La Palma, La Gomera und El Hierro, die andere – Las Palmas de Gran Canaria – mit Gran Canaria, Fuerteventura und Lanzarote. Die autonomen Regionen besitzen weitgehende Selbstverwaltungsrechte. Für ganz Spanien bedeutende Kompetenzen (Militär, Außenpolitik, Zivilluftfahrt, Telekommunikation etc.) sind nach wie vor bei der Zentralregierung in Madrid angesiedelt. Das Madrider Innenministerium ist wie in allen spanischen Provinzen durch jeweils einen Zivilgouverneur (Gobernador Civil) vertreten. Die lokalen Verwaltungsbehörden auf den Kanaren heißen »Cabildos«, auf dem Festland gewöhnlich »Diputación« genannt. Jede Insel des Archipels verfügt über ein eigenes »Cabildo Insular«. Die Gemeinschaft aller Cabildos nennt sich »Mancomunidad de Cabildos«.

Politische Kräfte, die wie im Baskenland eine totale Unabhängigkeit für die Kanarischen Inseln fordern, haben keinen nennenswerten Einfluss. Bedeutend ist allerdings neben den großen, auch auf dem spanischen Festland vertretenen Parteien (PSOE, PP etc.) die gemäßigte Partei der Kanaren. Sie fordert zusätzliche Rechte für die autonome Region der Kanarischen Inseln sowie verstärkte wirtschaftliche Hilfen durch die spanische Zentralregierung und die EU, um die verkehrsungünstige Lage der Kanaren am Rande Europas und andere Benachteiligungen, die aus der Insellage erwachsen, auszugleichen.

Sprache

Landessprache ist Spanisch (»castellano«). Die ausgeprägte Dialektvariante auf den Kanaren besitzt neben einer markanten eigenen Phonetik auch Worte, die dem Spanischen in Lateinamerika gleichen. Vom Hochspanischen abweichend sagt man z. B. für den Autobus »guagua«, für den Busbahnhof »estación de guaguas«, für das Messer »naife« oder für die Kartoffel »papa«. In den Hotels und Restaurants der großen Urlauberzentren spricht und versteht das Personal auch Deutsch bzw. Englisch.

Wirtschaft

Der Beitrag des Tourismus zur Gesamtwirtschaft beträgt mindestens 35 %. Andere Statistiken sprechen von bis zu 70 % des Bruttosozialprodukts. Der Anteil von Handel und Transport liegt bei 25 %, der Industrie bei 11 %, der Landwirtschaft und Fischerei nur noch bei ca. 5 %. Rückläufig sind die Umsätze der Bauwirtschaft. Die offizielle Arbeitslosenquote überschreitet 20 % und zählt zu den höchsten in Spanien. In der Provinz Santa Cruz de Tenerife liegt die Erwerbslosenzahl derzeit bei knapp 24 %.

Der ehemals florierende Anbau von Bananen steckt heute in der Krise. Als Absatzmarkt kommt nur noch Spanien in Betracht. Zu den Wichtigsten Agrarprodukten zählen Kartoffeln, Tomaten, Blumen (Rosen, Nelken, Strelitzien, Gladiolen), Früchte (Kiwis, Mangos, Papayas, Ananas), Avocados und Weintrauben.

Geschichte

3000 – 500 v. Chr.
Erste Siedler aus der Mittelmeerregion und Nordwestafrika bevölkern die Kanarischen Inseln. Ein Stamm namens Gabel-guanxeris (vermutlich Berber aus Nordafrika) besiedelt Teneriffa und La Palma. Von diesem Namen soll sich die Bezeichnung Guanchen (»Los Guanchos«) für die kanarischen Ureinwohner ableiten.

Ca. 25 v. Chr.
Expedition im Auftrag des mauretanischen Königs Juba II. auf die Kanarischen Inseln. Teneriffa wird mit dem Namen Nivaria bezeichnet.

1. Jh. n. Chr.
Plinius erwähnt die Expedition des Königs Juba II. auf die Kanarischen Inseln und notiert geografische Daten des Archipels.

6. – 9. Jh.
Eine weitere Einwanderungswelle von Berberstämmen und anderen Volksgruppen besiedelt vor allem die östlichen Kanarischen Inseln.

1392
Der Legende nach finden einige Guanchen-Schäfer an der Küste in der Nähe von Güimar die Statue der Madonna von Candelaria, die noch heute als Schutzpatronin der gesamten Kanarischen Inseln verehrt wird.

1402 – 1405
Das kastilische Königshaus unter Heinrich III. beauftragt den normannischen Edelmann Jean de Béthencourt mit der Eroberung der Kanaren. Lanzarote, Fuerteventura und Hierro werden unterworfen.

1494
Alonso Fernández de Lugo versucht im Auftrag der spanischen Krone, Teneriffa zu erobern. Am 31. Mai erleidet er in der Schlacht bei Acentejo-La Matanza eine schwere Niederlage. Gründung von Santa Cruz.

1495
Teneriffa wird in der Schlacht bei La Victoria endgültig erobert, die Guanchen werden unterworfen. Fernández de Lugo gründet seine Residenz in La Laguna. Der gesamte Archipel untersteht nun der spanischen Krone.

1657
Der britische Admiral Robert Blake versucht, Santa Cruz einzunehmen. Der Angriff wird von den einheimischen Truppen zurückgeschlagen.

1706
Ausbruch des Vulkans Trevejo nahe Garachico. 40 Tage dauert die Naturkatastrophe, danach sind große Teile der Stadt, des Hafens und der Weinkulturen zerstört.

Ab 1726
Santa Cruz de Tenerife betreibt intensiven Handel mit Nord-, Mittel- und Südamerika. Siedler aus Santa Cruz gründen Montevideo in Uruguay, San Antonio in Texas und Ortschaften in Louisiana.

1792
Auf Anordnung der Krone wird die Universität von La Laguna gegründet.

1797
Unter Leitung des Generals Gutiérrez schlagen die Spanier den Angriff

der britischen Royal Navy, befehligt von Admiral Nelson, zurück.

1805
Admiral Nelson führt in der Schlacht bei Trafalgar die britische Flotte zu einem Sieg über die Spanier. Ende der spanischen Seemacht.

1822
Santa Cruz de Tenerife wird Hauptstadt der Kanarischen Inseln. Die Stadt behält diesen Titel bis 1927.

1852
Die gesamten Kanarischen Inseln werden zur Freihandelszone erklärt.

1909
Ausbruch des Vulkans Chinyero im Süden Teneriffas.

1927
Die Kanaren werden in zwei Provinzen geteilt. Santa Cruz wird Hauptstadt der Westprovinz mit Teneriffa, La Gomera, El Hierro und La Palma.

1936
General Franco organisiert von Teneriffa aus den Putsch gegen die Zentralregierung der spanischen Republik. Damit beginnt der drei Jahre andauernde Spanische Bürgerkrieg.

1954
Gründung des Teide-Nationalparks.

Ab 1957
Erste Charterflüge nach Teneriffa. Puerto de la Cruz wird Zentrum des schnell expandierenden Tourismus.

1960–1970
Ausbau der touristischen Basis in Puerto de la Cruz und Bauboom im Süden der Insel. Playa de las Américas wird zum Haupturlauberziel.

1975
Tod General Francos. Der junge Juan Carlos I. wird spanischer König.

1978
Spanien wird konstitutionelle Monarchie und verabschiedet eine neue demokratische Verfassung.

1982
Die Kanarischen Inseln erhalten den Status einer autonomen Region.

1986
Spanien tritt der EG bei, die Kanaren haben zunächst einen Sonderstatus.

1992
Integration der Kanaren in die EU, fortbestehende Sonderregelungen.

1994
Feierlichkeiten zum 500. Jahrestag der Gründung von Santa Cruz.

1997
Rund 684 000 deutsche Touristen machen Urlaub auf Teneriffa. Die Gesamtzahl der Besucher beläuft sich in diesem Jahr auf 4,3 Mio.

2005
Im Februar findet der berühmte Karneval in Santa Cruz als Hommage an die verstorbene Sängerin Celia Cruz, die als Salsa-Königin verehrt wird, statt. Celia Cruz hatte den Karneval maßgeblich geprägt.

2010
Im Februar steht der berühmte Karneval unter dem Motto »Teneriffa – Geschichte eines Karnevals«.

Sprachführer Spanisch

Aussprache
c   vor dunklen Vokalen wie k (como), vor hellen Vokalen wie engl. th (gracias)
ch wie tsch (ocho)
h   wird nicht gesprochen
j   wie ch (jueves)
ll wie j (calle)
ñ   wie nj (mañana)
qu wie k (quisiera)
s   wie ss (casa)
y   wie j (hoy)
z   wie engl. th (diez)

Wichtige Wörter
ja – sí [si]
nein – no [no]
danke – gracias [grassias]
Wie bitte? – ¿cómo? [komo]
Ich verstehe nicht. – No entiendo. [no entjiendo]
Entschuldigung – con permiso, perdón [kon permisso, perdon]
Hallo – hola [ola]
Guten Morgen – buenos días [buenos dijas]
Guten Tag – buenas tardes [buenas tardes]
Guten Abend – buenas noches [buenas notsches]
Auf Wiedersehen – adiós [adijos]
Ich heiße … – Me llamo … [mee jamo]
Ich komme aus … – Yo soy de … [jo soij dee]
– Deutschland – Alemania [Alemanja]
– Österreich – Austria [Austrija]
– der Schweiz – Suiza [Suissa]
Wie geht's?/Wie geht es Ihnen? – ¿Qué tal?/¿Cómo está? [ke tal/komo esta]
Danke, gut. – Bien, gracias. [bjän, grassias]
wer, was, welcher – quien, que, cual [kjien, ke, kual]
wann – cuando [kuando]
wie lange – cuanto tiempo [kuanto tijempo]
Sprechen Sie Deutsch/Englisch? – ¿Habla alemán/inglés? [abla aleman/ingles]
heute – hoy [oij]
morgen – mañana [manjana]
gestern – ayer [ajer]

Zahlen
eins – uno [uno]
zwei – dos [dos]
drei – tres [tres]
vier – cuatro [kuatro]
fünf – cinco [sinko]
sechs – seis [seijs]
sieben – siete [siete]
acht – ocho [otscho]
neun – nueve [nuebe]
zehn – diez [dies]
einhundert – cien [sjen]
eintausend – mil [mil]

Wochentage
Montag – lunes [lunes]
Dienstag – martes [martes]
Mittwoch – miércoles [miärkoles]
Donnerstag – jueves [chuebes]
Freitag – viernes [bijernes]
Samstag – sábado [sabado]
Sonntag – domingo [domingo]

Unterwegs
rechts – a la derecha [a la deeretscha]
links – a la izquierda [a la iskierda]
geradeaus – recto [rekto]
Wie weit ist es nach …? – ¿Cuánto tiempo dura el viaje hasta …? [kuanto tijempo dura el biache asta]

Wie kommt man nach …? – ¿Por dónde se va a …? [por donde se ba a]
Wo ist … – ¿Dónde está … [donde esta]
– die nächste Werkstatt? – el próximo taller? [el proximo tajär]
– der Bahnhof? – la estación de tren? [la estassijon dee tren]
– der Flughafen? – el aeropuerto? [el aäropuerto]
– die Touristeninformation? – la información turística? [la informassion turistika]
– die nächste Bank? – el próximo banco? [el proximo banko]
– die nächste Tankstelle? – la próxima gasolinera? [la proxima gasolinera]
Bitte voll tanken! – ¡Lleno, por favor! [jeno por fabor]
Wir hatten einen Unfall. – Tuvimos un accidente. [tubimos un axidente]
Wo finde ich … – ¿Dónde encuentro … [donde enkuentro]
– einen Arzt? – un medico? [un mediko]
– eine Apotheke? – una farmacia? [una farmassia]
Eine Fahrkarte nach … bitte! – ¡Quisiera un pasaje a …, por favor! [kisijera un pasache a …, por fabor]

Übernachten
Ich suche ein Hotel. – Busco un hotel. [busko un otel]
Haben Sie noch Zimmer frei? – ¿Hay habitaciones libres? [aij abitassiones libres]
– für eine Nacht? – para una noche? [para una notsche]
Ich habe ein Zimmer reserviert. – Reservé una habitación. [reservee una abitassion]
Ich suche ein Zimmer für … Personen. – ¿Tiene usted una habitación para … personas? [tijene usted una abitassion para … personas]
Wie viel kostet das Zimmer … – ¿Cuánto vale la habitación … [kuanto bale la abitassion]
– mit Frühstück? – con desayuno incluido? [kon dessajuno inkluido]
Ich nehme das Zimmer. – Quiero la habitación. [kijero la abitassion]
Kann ich mit Kreditkarte zahlen? – ¿Puedo pagar con tarjeta de crédito? [puedo pagar kon tarcheta de kredito]
Ich möchte mich beschweren. – Me quiero quejar. [mee kijero kechar]
funktioniert nicht – No funciona. [no funxiona]

Essen und Trinken
Die Speisekarte bitte! – El menu, ¡por favor! [el menu por fabor]
Die Rechnung bitte! – La cuenta, ¡por favor! [la kuenta por fabor]
Ich hätte gern … – Quisiera …, ¡por favor! [kisijera… por fabor]
Kellner/-in – camarero/camarera [kamarero/kamarera]
Mittagessen – almuerzo [almuersso]
Abendessen – cena [sena]

Einkaufen
Wo gibt es …? – ¿Dónde hay …? [donde aij]
Haben Sie …? – ¿Hay …? [aij]
Wie viel kostet …? – ¿Cuánto vale …? [kuanto bale]
Das ist zu teuer. – Es demasiado caro. [es demasiado karo]
Ich nehme es. – Me lo llevo. [mee lo jevo]
geöffnet/geschlossen – abierto/cerrado [abijerto/serado]
Bäckerei – panadería [panaderija]
Metzgerei – carnicería [karnisserija]

Kulinarisches Lexikon

A
aceite – Öl
aceituna – Olive
agua – Wasser
– con (sin) gas – Wasser mit (ohne) Kohlensäure
– mineral – Mineralwasser
aguardiente – Branntwein, Schnaps
ajo – Knoblauch
albóndiga – Frikadelle, Bulette
almeja – Miesmuschel
almendra – Mandel
arroz – Reis
asado – Braten

B
bacalao – Kabeljau, Stockfisch
bocadillo – Sandwich, belegtes Brötchen
buey – Rind, Ochse

C
cacahuetes – Erdnüsse
café con leche – Milchkaffee
– cortado – Kaffee mit wenig Milch
– solo – schwarzer Kaffee
calabaza – Kürbis
caldo – Fleischbrühe
cangrejo – Krebs
capón – Kapaun
carne – Fleisch
cebollas – Zwiebeln
cerdo – Schweinefleisch
cerveza – Bier
– oscura – dunkel
– rubia – hell (»blond«)
chorizo – rote Paprikawurst
chuleta – Kotelett
churro – in Öl ausgebackenes Spritzgebäck
ciruelas – Pflaumen
cocido – Eintopf mit Fleisch, Kichererbsen und Kartoffeln
crustáceos – Schalentiere

D
dátiles – Datteln
dulces – Süßigkeiten

E
embutido – Wurst
ensalada – Salat
espárrago – Spargel
– triguero – (wilder) grüner Spargel

F
fino – trockener Sherry
fresa – Erdbeere
frito – gebacken
frutas – Obst

G
gallina – Huhn
gambas – Krabben bzw. Garnelen
garbanzos – Kichererbsen
gazpacho – kalte Gemüsesuppe
gofio – geröstetes Getreidemehl
guisado – Schmorfleisch
guisante – Erbse

H
helado – Speiseeis
hielo – Eis, Eisstück
hígado – Leber
huevo – Ei

J
jabalí – Wildschwein
jamón – Schinken

L
leche – Milch
lechuga – Kopfsalat
legumbres – Gemüse, Hülsenfrucht
lengua – Zunge
lenguado – Seezunge
lenteja – Linse
lomo – Lendenstück
lubina – Wolfsbarsch

M
macedonia de frutas – Obstsalat
manteca – Fett
mantequilla – Butter
manzana – Apfel
mariscos – Meeresfrüchte, Muscheln
mejillones – Miesmuscheln
melocotón – Pfirsich
menta – (Pfeffer-)Minze
mermelada – Marmelade
miel – Honig
morcilla – Blutwurst

N
naranja – Orange
nata – Sahne
nuez – Walnuss

O
olla – gekochter Eintopf

P
paella – Reisgericht
pan – Brot
papas, patatas – Kartoffeln
pasas – Rosinen
pastel – Kuchen, Torte
– de patatas – Kartoffelpuffer
patatas fritas – Bratkartoffeln
pato – Ente
pecho – Brust
pepino – Gurke
perdiz – Rebhuhn bzw. Rothuhn
perejil – Petersilie
pescado – Fisch
pez espada – Schwertfisch
pimienta – Pfeffer
puchero – Eintopf

Q
queso – Käse

R
ración – »doppelte« Tapa
riñones – Nieren

S
sal – Salz
salchicha – Würstchen
salchichón – eine Art Salami
salmón – Lachs
salmonete – Meerbarbe
salsa – Sauce
sandía – Wassermelone
sangría – kalte Bowle aus Rotwein, Wasser, Zucker, Früchten
sardina – Sardine
sopa – Suppe mit Einlagen
sorbete – Fruchteis

T
tapa – Appetithäppchen
tarta – Torte
ternera – Kalbfleisch
tocino – Speck
torta – Kuchen
tortilla francesa – Omelett
– española – Omelett mit Kartoffeln
trigo – Weizen
trucha – Forelle
turrón – Mandelgebäck

U
uva – Weintraube

V
verduras – Gemüse, Salate
vinagre – Essig
vino – Wein
– blanco – Weißwein
– del país – Landwein
– rosado – Roséwein
– tinto – Rotwein

Z
zarzuela de pescado – eine Art Bouillabaisse
zumo – Saft
– de frutas – Fruchtsaft
– de manzana – Apfelsaft
– de melocotón – Pfirsichsaft
– de naranja – Orangensaft

Reisepraktisches von A–Z

ANREISE
MIT DEM FLUGZEUG

Touristen aus dem Ausland kommen zumeist auf dem im Süden der Insel gelegenen Flughafen **Reina Sofía** an, der in den letzten Jahren weiter ausgebaut und modernisiert wurde.

Ein zweiter Flughafen, **Los Rodeos** oder **Tenerife Norte** genannt, liegt im Norden Teneriffas knapp 10 km westlich von Santa Cruz. Hier kommen vor allem Reisende vom spanischen Festland oder von den anderen Inseln des kanarischen Archipels an. Inzwischen fliegen auch Chartergesellschaften den Flughafen Los Rodeos an. Flugverbindungen zwischen allen Kanarischen Inseln unterhält die Gesellschaft **Binter**. Zwischen Teneriffa und Gran Canaria fliegt darüber hinaus die Gesellschaft **Spanair**. Busverbindungen mit dem Betreiber TITSA bestehen ab Tenerife Norte nach Santa Cruz, Puerto de la Cruz, Buenavista und Icod de los Vinos.

Teneriffa wird von Deutschland aus mehrmals pro Woche von der **IBERIA** (Zwischenlandung in Madrid), von der **Lufthansa** und nahezu allen großen deutschen Pauschalreiseveranstaltern angeflogen.

Die Chartergesellschaft **Air-Berlin** (www.airberlin.com) bedient Teneriffa Süd und Teneriffa Nord von mehreren deutschen Flughäfen aus. Wer frühzeitig bucht, erzielt meistens günstige Flugpreise. Teneriffa Süd wird auch von der **TUI** (www.tuifly.com) angesteuert, Teneriffa Süd zusätzlich von **Condor** (www.condor.com) sowie **Germanwings** (www.germanwings.com).

Auch diverse Low-Cost-Fluggesellschaften, z. B. Ryanair (www.ryanair.com), fliegen regelmäßig Teneriffa an. Ein besonders großer Andrang herrscht während der Weihnachtsferien, Flüge nach Teneriffa in dieser Zeit sollten rechtzeitig vorher gebucht werden. Die Flugzeit von Frankfurt nach Teneriffa beträgt rund 4 Std. Flüge von Teneriffa zu den anderen Kanarischen Inseln bucht man über www.bintercanarias.com.

Auf www.atmosfair.de und www.myclimate.org kann jeder Reisende durch eine Spende für Klimaschutzprojekte für die CO_2-Emission seines Fluges aufkommen.

Flughafen Reina Sofía (Tenerife Sur) ▸ S. 120, B 23/24
Tel. 9 22 75 92 00 und 9 22 75 90 00

Flughafen Los Rodeos (Tenerife Norte) ▸ S. 113, E/F 6
Tel. 9 22 63 59 98, 9 22 63 59 99 und 9 22 25 79 40

IBERIA
Infos und Reservierungen: Tel. 9 02 40 05 00 • www.iberia.com

IBERIA (in Deutschland)
Westendstr. 12, 60325 Frankfurt • Tel. 0 69/71 72 01 bzw. Hotline 0 69/7 16 61 11

MIT DEM SCHIFF

Einmal pro Woche (Abfahrt jeweils Sa 17 Uhr) verkehrt eine Passagier- und Autofähre der spanischen Gesellschaft **Trasmediterranea/Acciona** zwischen der südspanischen Küstenstadt Cádiz und Santa Cruz de Tenerife. Die Schiffsreise dauert etwa zwei Tage. Generalagentur der Trasmediterranea in Deutschland ist das

Deutsche Reisebüro (DER). Informationen und Buchung in den einschlägigen deutschen Reisebüros.
Trasmediterranea/Acciona unterhält auch Fährverbindungen zwischen Santa Cruz de Tenerife und Las Palmas de Gran Canaria, Fuerteventura (Morro Jable), Lanzarote und La Gomera. Ab Los Cristianos im Süden Teneriffas verkehren Fähren der Gesellschaft zu den westlich gelegenen Nachbarinseln La Gomera (San Sebastián) und El Hierro (Valverde).
Das Unternehmen **Fred. Olsen** betreibt Fährverbindungen zwischen dem Hafen von Los Cristianos und La Gomera bzw. La Palma sowie zwischen Santa Cruz de Tenerife und Agaete (Gran Canaria).

Trasmediterranea/Acciona
Tel. 9 02 45 46 45 •
www.trasmediterranea.es

Fred. Olsen
Info-Tel. für alle Linien 9 02 10 01 07 •
www.fredolsen.es

AUSKUNFT
IN DEUTSCHLAND, ÖSTERREICH UND DER SCHWEIZ
Turespaña
– Kurfürstendamm 63, 10707 Berlin • Tel. 01 80/3 00 26 47 • www.spain.info/de/tourspain
– Walfischgasse 8, 1010 Wien • Tel. 08 10/24 24 08 • www.spain.info/at/tourspain
– Seefeldstr. 19, 8008 Zürich • Tel. 0 44/2 53 60 50 • www.spain.info/ch/tourspain

AUF TENERIFFA
Infobüros
– Plaza de España s/n (im Cabildo Insular de Tenerife), 38003 Santa Cruz • Tel. 9 22 23 95 92, 9 22 23 98 97 und 9 22 23 91 11 ▶ Klappe hinten, e 4/5
– Plaza de Europa, 38400 Puerto de la Cruz • Tel. 9 22 38 60 00   ▶ S. 59, c 1
– Aeropuerto Sur, Av. Concejal Reina Sofía, 38600 Granadilla de Abona • Tel. 9 22 75 92 0   ▶ S. 120, B 23/24
– Centro Comercial »City Center«, 38660 Playa de las Américas/Adeje • Tel. 9 22 79 76 86   ▶ S. 119, E 18
– c/ Manuel Ravelo, 20 - Local 35, 38683 Santiago del Teide • Tel. 9 22 86 03 48   ▶ S. 114, C 11
– Infoturismo Tenerife (Infotelefon) • Tel. 9 02 00 31 21

BUCHTIPPS

Gerhard Nebel: Phäakische Inseln. Eine Reise zum kanarischen Archipel (Klett-Cotta, 1954) Anregende Lektüre über die Begegnung mit Puerto de la Cruz, Orotava und dem Teide.
Rafael Arozarena: Der Reiher und das Veilchen (Horlemann, 2004) Geschichte eines jungen Mannes, der auf der Kanareninsel zwischen die Werte der Tradition und der Moderne gerät.
Horst Uden: Der König von Taoro (Zech, 2003) Der Roman beleuchtet die Eroberung Teneriffas durch die Spanische Krone im Mittelalter.
Harald Braem: Tanausú, König der Guanchen (Zech, 2003) Der Roman befasst sich eingehend mit den Guanchen, den Ureinwohnern Teneriffas.
Peter und Ingrid Schönfelder: Die Kosmos-Kanarenflora (Kosmos, 2005) Jede kanarische Pflanze wird hier mit Bild und Text vorgestellt.

DIPLOMATISCHE VERTRETUNGEN
AUF DEN KANARISCHEN INSELN
Deutscher Honorarkonsul
▶ Klappe hinten, b 2

Es handelt sich um keine Behörde, der Konsul ist eine Privatperson.

Calle Costa y Grijalba 18, 38004 Santa Cruz de Tenerife • Tel. 9 22 24 88 20 • www.honorarkonsul-teneriffa.de • Mo–Do 10–13 Uhr

Deutsches Konsulat Gran Canaria

Calle Albareda, 3, 35007 Las Palmas • Tel. 9 28 49 18 80 und 9 28 49 18 71 • www.las-palmas.diplo.de

Österreichisches Konsulat

▶ Klappe hinten, e 4

Calle Hermano Apolonar, 2, 38300 La Orotava • Tel. 9 22 33 01 81 • Mo, Mi, Do 15.30–18 Uhr

Schweizer Konsulat

Calle Nuñez de Balboa, 35, Edificio Goya, 28001 Madrid • Tel. 9 14 36 39 60 • www.eda.admin.ch/Madrid

FEIERTAGE

Neben den staatlichen Feiertagen gibt es zahlreiche lokale Feiertage.

1. Jan. Año Nuevo (Neujahrsfest)
6. Jan. Los Reyes Magos (Heilige Drei Könige)
Feb./März Karneval (in mehreren Gemeinden, besonders in Santa Cruz)
März/April Semana Santa (Karwoche und Osterfest)
1. Mai Día del Trabajo (Tag der Arbeit)
30. Mai Día de Canarias (Tag der Kanarischen Inseln)
Juni Corpus Cristi (Fronleichnam), besonders groß in La Orotava (eine Woche später)
25. Juli Santiago Apóstol (Heiliger Jakobus), Gedenktag in Erinnerung an die erfolgreiche Schlacht gegen den britischen Admiral Nelson im Jahr 1797 (Santa Cruz).
15. Aug. Nuestra Señora de la Candelaria (Fest der Schutzpatronin des gesamten Archipels)
12. Okt. Día de la Hispanidad (Fest der Entdeckung Amerikas)
1. Nov. Todos los Santos (Allerheiligenfest)
6. Dez. Día de la Constitución (Tag der spanischen Verfassung)
8. Dez. Inmaculada Concepción (Mariä Empfängnis)
25. Dez. Navidad (Weihnachten)

FERNSEHEN

In den meisten großen Hotels an der Süd- und Nordküste können via Satellit auch deutsche, spanische, britische und französische Fernsehprogramme empfangen werden.

FKK

Offizielle Nacktbadestrände sowie FKK-Camps oder -Hotels gibt es nicht. Einige Kur- oder Fitness-Hotels, etwa das Oceano in Punta del Hidalgo, bieten ihren Gästen jedoch eine hauseigene FKK-Terrasse an. Einige entlegene Strände sind bei FKK-Freunden bekanntermaßen beliebt, dazu zählen: Playa de la Tejita und Playa de la Rajita bei El Médano, Bahía de la Garañona bei Mesa del Mar, Playa de las Gaviotas und Playa de Antequera bei Igueste, Punta de las Gaviotas bei La Caleta und Playa Los Patos-El Rincón und Lomo Román bei Puerto de la Cruz. »Oben ohne« ist an den meisten Stränden verbreitet.

GELD

Die üblichen **Kreditkarten** und **Reiseschecks** werden von den meisten großen Hotels, vielfach auch von Restaurants, Autoverleihern und touristischen Agenturen und Geschäften in den bedeutenden Urlauberzentren akzeptiert.

Banken sind in der Regel Mo bis Fr von 9 bis 14 und Sa 9 bis 13 Uhr geöffnet. Sie verfügen meist über **Geldautomaten** (»Telebanco«), wo man rund um die Uhr per Kredit- oder Eurochequekarte (mit persönlicher Geheimzahl) Geld abheben kann.

INTERNET

www.visitenerife.com
Offizielle Seite der örtlichen Tourismusbehörde; vielfältige Infos und touristischer Service; auch in Deutsch.
www.aecan.com
Unterkünfte auf dem Lande; in Deutsch und Englisch.
www.attur.es
Reservierungszentrale für Unterkünfte auf dem Land; auch in Deutsch.
www.insel-teneriffa.de
Privater Anbieter von umfassenden touristischen Infos über Teneriffa in deutscher Sprache.
www.spain.info
Offizielle touristische Infos über Spanien; auch in deutscher Sprache.
www.tenerife.com
Privater Anbieter von Service und Infos. Auch in Deutsch.
www.toprural.com
Unterkünfte auf dem Lande, für ganz Spanien.
www.tourspain.es,
www.webtenerife.de
Unfassende touristische Infos in deutscher Sprache.

KLEIDUNG

Während im Küstenbereich Teneriffas die wärmende Sonne scheint und zu Badefreuden verlockt, kann es in den Bergregionen, zumal im Bereich des Teide und im Anaga-Gebirge, kühl und windig sein. Wer also nicht nur am Strand verweilen, sondern auch Ausflüge in die reizvolle Bergwelt unternehmen möchte, sollte unbedingt solide Wanderschuhe, einen dicken Pullover, einen Schal und eine Windjacke mitbringen.
Dringend angeraten ist wärmende, wetterfeste Kleidung, wenn Sie beabsichtigen, innerhalb des Teide-Nationalparks mit der Drahtseilbahn zur Aussichtsplattform La Rambleta (3555 m ü. d. M.) hinaufzufahren.
Dies gilt auch während der Sommermonate. Bei Wanderungen – besonders in der warmen Jahreszeit – empfiehlt es sich, eine vor der oft sehr intensiven Sonne schützende Kopfbedeckung einzupacken.

KRIMINALITÄT

Im Falle eines Diebstahls ist es wichtig, Anzeige zu erstatten, um mit der Durchschrift des Polizeiprotokolls spätere Ansprüche bei der Reisegepäckversicherung geltend machen zu können. Wurde der Personalausweis gestohlen, wird ein Ersatzausweis erst dann vom Konsul ausgestellt, wenn diesem die Anzeige- und Verlustbestätigung der örtlichen Polizeibehörde vorliegen, dazu zwei Passfotos und möglichst eine Kopie des gestohlenen Ausweises.

MEDIZINISCHE VERSORGUNG
KRANKENVERSICHERUNG

Die Vorlage einer Europäischen Krankenversicherungskarte (EHIC) ist ausreichend. Als zusätzlicher Versicherungsschutz empfiehlt sich der Abschluss einer Auslandskrankenversicherung, da diese Krankenrücktransporte mitversichert.

KRANKENHAUS
Deutsches Ärztezentrum
Playa de las Américas, Avda. V Centenario s/n, CC Club Paraíso del Sol Local 11–13 • Tel. 9 22 79 29 08 • www.daez.eu

NEBENKOSTEN

1 Tasse Kaffee	1,20 €
1 Bier	1,30 €
1 Cola	1,50 €
1 Brot (ca. 500 g)	1,00 €
1 Schachtel Zigaretten	2,20 €
1 Liter Benzin	1,10 €
Öffentl. Verkehrsmittel (Einzelfahrt)	1,30 €
Mietwagen/Tag	ab 40,00 €

APOTHEKEN

Apotheken sind in der Regel Mo bis Fr 9 bis 13 und 16 bis 19 bzw. 20, Sa 9 bis 13 Uhr geöffnet. 24-Std.-Service in Santa Cruz: José Manuel Rendón, Calle Horacio Nelson, 21.

NOTRUF

Euronotruf Tel. 1 12
(Polizei, Feuerwehr, Rettungsdienst)

POST

Die Briefkästen in Spanien sind gelb. Internationale Post wirft man in den Kasten mit der Aufschrift »Extranjero«. Briefmarken erhält man in allen Tabakläden und den Filialen der spanischen Post (»correos«). Eine Postkarte nach Deutschland, Österreich und in die Schweiz kostet 0,70 €.

REISEDOKUMENTE

Deutsche, Österreicher und Schweizer können mit einem gültigen Reisepass oder Personalausweis (Identitätskarte) einreisen. Kinder benötigen ein eigenes Reisedokument.

REISEKNIGGE

Canarios sind in der Regel ausgesprochen freundliche, lebensfrohe, oft zu Späßen aufgelegte Menschen, die es sehr zu schätzen wissen, wenn sich jemand Zeit nimmt und sich für die Kultur und Eigenarten der Kanarischen Inseln interessiert. Dort, wo Sie ein Gespräch mit Einheimischen führen können, sind Gemächlichkeit und Humor angebracht. Bringen Sie niemals Hetze und Zeitdruck in eine Begegnung oder ein Gespräch.
Kanarier legen Wert auf »richtige« Kleidung. Abseits der Strände und Urlauberzentren sollten Sie es vermeiden, in Badekleidung oder mit Unterhemd durch die Straßen zu schlendern. Dies gilt als unzivilisiert und wird eher ungern gesehen – und Sie sind schnell als »guiri« (abfälliger Ausdruck für Touristen) enttarnt!
Im Nationalpark rund um den Teide, in den Naturparks und in anderen Schutzgebieten gelten oft mehrsprachig ausgewiesene Vorschriften, um

Mittelwerte	JAN	FEB	MÄR	APR	MAI	JUN	JUL	AUG	SEP	OKT	NOV	DEZ
Tagestemperatur	20	21	22	23	24	26	28	29	28	26	24	21
Nachttemperatur	14	14	15	16	17	19	20	21	21	19	17	16
Sonnenstunden	6	6	7	8	9	10	11	11	8	7	6	6
Regentage pro Monat	7	5	4	2	1	0	0	0	0	4	5	7
Wassertemperatur	19	18	18	18	19	20	21	22	23	23	21	20

Flora und Fauna nicht über Gebühr zu belasten. Nehmen Sie nie Steine, Pflanzen oder andere Fundstücke aus diesen Gebieten mit, bleiben Sie auf den angegebenen Wanderwegen und hantieren Sie niemals mit offenem Feuer. Gerade in den Pinienwäldern ist die Brandgefahr groß.

REISEWETTER

Im Küstenbereich, zumal im Süden, herrschen angenehme Temperaturen mit Bademöglichkeiten rund um das Jahr. Selbst in den Wintermonaten werden hier Temperaturen von ca. 20 °C verzeichnet, im Hochsommer bis zu 30 °C. An der Ostküste, speziell bei El Médano, gibt es häufig starken Wind mit Sandverwehungen. Zwischen Oktober und April ist mit Regenfällen bzw. mit Schnee im Gipfelbereich des Teide zu rechnen. Während in den Strandzonen die wärmende Sonne scheint, kann es in den Gebirgsregionen ausgesprochen kühl sein. Für Ausflüge in den Teide-Nationalpark oder ins Anaga-Gebirge sollte man wärmende Kleidung und bergfeste Schuhe im Gepäck haben (▸ Kleidung, S. 103).

STROM

Die Spannung beträgt wie in Deutschland 230 V Wechselstrom. Eurostecker passen in den meisten Fällen problemlos in die spanischen Steckdosen. Bei starken Unwettern kann es hin und wieder zu einem totalen Stromausfall kommen.

TELEFON
VORWAHLEN

D, A, CH ▸ Spanien 00 34
Spanien ▸ D 00 49
Spanien ▸ A 00 43
Spanien ▸ CH 00 41

Preiswerter als aus dem Hotelzimmer telefoniert man in den öffentlichen Münzfernsprechern oder in den speziellen Telefonkabinen der Gesellschaft **Telefónica**. Werktags nach 22 Uhr, samstags ab 14 Uhr und an Sonn- und Feiertagen ist das Telefonieren etwa um die Hälfte billiger.

TIERE

Hunde und Katzen benötigen zur Einreise einen EU-Heimtierausweis (stellt der Tierarzt aus) mit Nachweis einer Tollwutimpfung. Das Tier muss durch einen Mikrochip identifizierbar sein.

TRINKGELD

Üblich bei zufriedenstellenden Leistungen in Restaurants und Hotels (Zimmerservice, Portiers), Bars sowie für Taxifahrer, Reiseleiter, Dolmetscher, Bergführer, Gepäckträger etc. Man gibt etwa zwischen 5 und 10 % der Rechnung. Oder man rundet eine ungerade Summe zu einer geraden auf.

VERKEHR
AUTO

Das Tankstellen- und Straßennetz wurde in jüngster Vergangenheit deutlich ausgebaut. Die meisten Tankstellen schließen an Sonn- und Feiertagen. Auf der Autobahn, die Playa de las Américas mit Santa Cruz verbindet und von dort über La Laguna nach Puerto de la Cruz weiterführt, kommt man (abgesehen von der Rushhour in Santa Cruz) normalerweise sehr zügig voran.

Nicht wenige Straßen in den Gebirgsregionen der Insel sind eng, unübersichtlich und sehr kurvenreich. Manchmal trüben auch plötzlich aufziehende Wolken oder Nebel die Sicht. Nach Unwettern oder schweren Regenfällen kann es da und dort auch zu Steinschlag kommen. Fahren Sie auf diesen Landstraßen stets ausgesprochen umsichtig und eher etwas zu langsam als zu schnell. Die Gefahr von Unfällen ist gerade auf Serpentinenstraßen besonders hoch. Die zulässige **Höchstgeschwindigkeit** in geschlossenen Ortschaften beträgt 50 km/h, auf Landstraßen 90 km/h. Es besteht **Anschnallpflicht**, die **Promillegrenze** liegt bei 0,8. Gelbe bzw. rot-weiße Bordsteinkanten bedeuten **Parkverbot**, bei blau-weißen Markierungen ist nur kurzfristiges Halten erlaubt. An Kreuzungen auf Schnellstraßen lautet der oberste Grundsatz: Der Verkehrsfluss auf der Hauptstraße darf nicht gehemmt werden! Um Unfälle zu vermeiden, bitte folgende Prozedur beachten: erst die Straße queren, dann sich einordnen im Minikreisverkehr und anschließend in die gewünschte Spur einschwenken! **Bußgelder** sind auf astronomische Höhen geklettert, für das Überfahren der weißen Mittellinie wurden schon 60 € kassiert.

LEIHWAGEN

Die großen internationalen Verleihfirmen unterhalten Büros an den beiden Flughäfen Teneriffas sowie in den großen Touristikzentren an der Süd- und Nordküste. Es ist ratsam, die Preise zu vergleichen und die vertraglich fixierten Leihbedingungen genau zu studieren.

Unter Umständen kann es günstig sein, den Leihwagen (zusammen mit dem Flugticket) bereits beim Reiseveranstalter in Deutschland zu buchen. Notfalls liegt dann der Gerichtsstand in Deutschland. Achtung: auch der Autovermieter kann Sie zur Kasse bitten. Sieht er, dass der Wagen mit Salzwasser oder Sand in Berührung gekommen ist, riskieren Sie eine empfindliche Strafe.

BUS

Die Gesellschaft **TITSA** (Info-Telefon 24 Std. 9 22 53 13 00; www.titsa.com) unterhält Busverbindungen zwischen allen größeren Ortschaften. Busse zu den kleineren Ortschaften verkehren vornehmlich am frühen Morgen und am späten Nachmittag. Die Fahrpreise sind günstig. Am preiswertesten sind Fahrten mit **Bono-Fahrscheinen**. Sie sind an allen Schaltern in den Busbahnhöfen (nur Mo–Fr) erhältlich, kosten 12 bzw. 30 €, gelten ein Jahr und sind übertragbar. Mit diesen Fahrscheinen fährt man fast um die Hälfte günstiger als mit einem normalen Einzelfahrschein. Die bedeutendste Drehscheibe für Busverbindungen ist der Busbahnhof Santa Cruz.

TAXIS

Taxis können an der Rezeption bestellt werden; daneben gibt es in jedem größeren Dorf einen Taxistand (»parada de taxi«). Die Fahrzeuge sind erkennbar am SP-Schild (»Servicio Público«) oder haben ein grünes Licht auf dem Dach. Alle Taxis müssen mit einem Taxameter ausgerüstet sein. Die Tarife sind festgelegt und können auf Wunsch des Kunden eingesehen werden. Bei längeren Fahrten ist es ratsam, sich den Preis vorher bestätigen zu lassen.

FAHRRÄDER

Teneriffa ist größtenteils Bergland. Die meisten der verkehrsarmen Nebenstraßen, die meist durch reizvolle Landschaften verlaufen und sich für

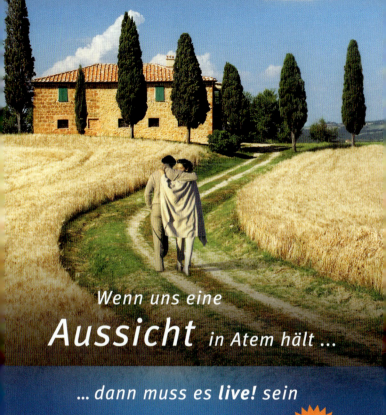

Fahrradtouren empfehlen, sind kurvenreich und steigen recht steil an. Darauf sollte man vorbereitet sein. Ohne ein bergtüchtiges, mit Gangschaltung und vorzüglichen Bremsen ausgerüstetes Rad und ohne Sinn für sportliche Ertüchtigung erlebt man auf den Serpentinenstraßen der Berge keinen vergnüglichen Urlaubstag. **Leihfahrräder** bekommt man in den großen Urlauberzentren in Playa de las Américas, Los Cristianos und Puerto de la Cruz. Mehr und mehr werden auch Mountainbikes angeboten.

ZEITUNGEN

In den großen Urlaubszentren bekommt man auch deutsche Zeitungen, Illustrierte und Zeitschriften. Sie erreichen die Insel in der Regel mit eintägiger Verspätung. Nur die »Bild«-Zeitung ist schneller – sie wird auf den Kanaren gedruckt. Die Zeitschrift »Info Canarias« enthält interessante Beiträge zu Politik, Wirtschaft und Kultur, konzentriert sich aber vornehmlich auf die Nachbarinsel Gran Canaria.

ZEITVERSCHIEBUNG

Auf den Kanarischen Inseln gilt die Westeuropäische Zeit (WEZ), sie liegt das ganze Jahr hindurch um eine Stunde hinter der in Zentraleuropa gültigen Mitteleuropäischen Zeit (MEZ) zurück, da auch auf Teneriffa von April bis September die um eine Stunde verschobene Sommerzeit gilt. Wenn es in Deutschland 13 Uhr ist, ist es auf den Kanaren 12 Uhr.

ZOLL

Die Kanaren sind noch immer Freihandelszone, weshalb es bei der Einreise keine Zollbestimmungen gibt. Bei der Rückreise nach Deutschland, Österreich und in die Schweiz gelten folgende Freigrenzen (wegen des kanarischen Sonderstatus niedriger als EU-üblich): 200 Zigaretten, 100 Zigarillos, 50 Zigarren oder 250 g Tabak; 1 l Spirituosen über oder 2 l unter 22 Vol.% Alkoholgehalt oder 2 l Schaumwein, dazu 2 l Tischwein; Souvenirs sind frei bis ca. 180 €. Weitere Auskünfte unter www.zoll.de, www.bmf.gv.at/zoll und www.zoll.ch.

ENTFERNUNGEN (IN KM) ZWISCHEN WICHTIGEN ORTEN

	Candelaria	Flughafen Reina Sofía	Garachico	La Laguna	Playa de las Américas	Puerto de la Cruz	Santa Cruz	Santiago del Teide	Tacoronte	Vilaflor
Candelaria	–	43	79	22	58	53	17	78	36	59
Flughafen Reina Sofía	43	–	86	65	16	96	60	66	79	16
Garachico	79	86	–	57	69	26	62	20	43	70
La Laguna	22	65	57	–	80	31	5	73	14	81
Playa de las Américas	58	16	69	80	–	110	75	49	94	30
Puerto de la Cruz	53	96	26	31	110	–	36	42	17	80
Santa Cruz	17	60	62	5	75	36	–	78	19	76
Santiago del Teide	78	66	20	73	49	42	78	–	59	55
Tacoronte	36	79	43	14	94	17	19	59	–	57
Vilaflor	59	16	70	81	30	80	76	55	57	–

Kartenatlas
Maßstab 1:150 000

Legende

Routen und Touren
- Von La Laguna zum Teide-Nationalpark (S. 82) Start: S. 113, F 6
- Von Buenavista nach Arguayo (S. 84) Start: S. 114, B 10
- Von der Ermita Cruz del Carmen nach Chamorga (S. 86) Start: S.110, B 2
- Durch die Masca-Schlucht (S. 88) Start: S. 114, B 11

Sehenswürdigkeiten
- MERIAN-TopTen
- MERIAN-Tipp
- Sehenswürdigkeit, öffentl. Gebäude

Sehenswürdigkeiten ff.
- Sehenswürdigkeit Kultur
- Sehenswürdigkeit Natur
- Kirche; Kloster
- Schloss, Burg; Ruine
- Museum; Denkmal
- Höhle
- Leuchtturm; Windmühle

Verkehr
- Autobahn
- Autobahnähnliche Straße
- Fernverkehrsstraße
- Hauptstraße
- Nebenstraße
- Unbefestigte Straße
- Fußgängerzone

Verkehr ff.
- Parkmöglichkeit
- Busbahnhof
- Schiffsanleger
- Flughafen

Sonstiges
- Information
- Theater
- Markt
- Botschaft, Konsulat
- Golfplatz
- Aussichtspunkt
- Strand
- Friedhof
- Nationalpark
- Naturpark

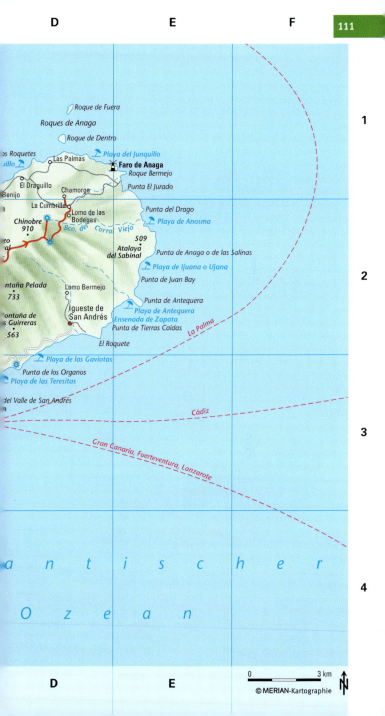

114

A · B · C

Atlantische (Ozean)

Places and features

- Punta de la Laja
- Punta del Casado
- Punta del Callao de Alcabú
- Punta Bajio del Negro
- La Costa
- La Cale(ta)
- Punta Negra
- Buenavista del Norte
- Montaña de Taco 321
- San José
- Playa del Fraile
- Punta del Fraile
- Caleta Andén
- Mirador de Don Pompeyo
- San Bernardo
- Los Silos
- Mir. Lomo
- Punta del Jurado
- Punta del Ancón
- Bco. de Hobal
- La Tierra del Trigo
- Faro de Teno
- Caleta de Bastián
- Teno Alto
- El Palmar
- El Palmar
- Punta de Teno
- Punta Diente de Ajo
- Cuevas del Palmar
- Erjos
- Punta de la Hábiga
- 1003 Baracán
- Macizo de Teno
- Las Portelas
- Mirador de Baracán
- Los Carrizales
- Mirador de Gilda
- Playa del Carrizal
- La Vica
- Punta Vizcaíno
- 1348
- Pue... 111.
- Masca
- Valle
- Playa de Juan López
- Santiago
- 1174
- Punta de la Galera
- Los Pajares
- El Molledo
- Las Ma...
- Playa de Masca
- Punta de la Higuera
- El Retamar
- Punta de los Machos
- Playa de Barranco Seco
- Malpaís
- Tamaimo
- Arguayo
- Playa del Gigante
- La Tablada
- Acantilado de los Gigantes
- La Punta
- Los Gigantes
- Chío
- Las Bajas
- Puerto de Santiago
- Playa Santiago
- Lomo La Crucit(a)
- Playa de la Arena
- Punta de Barbero
- TF-47
- Punta Blanca
- Punta de Alcalá
- Lomo del Balo
- 118
- Alcalá
- Playa de Alcalá

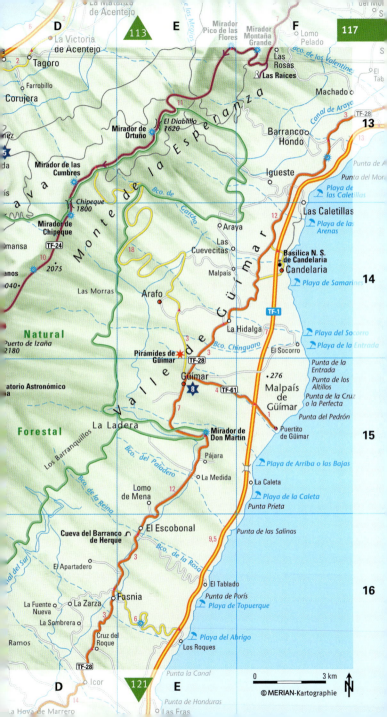

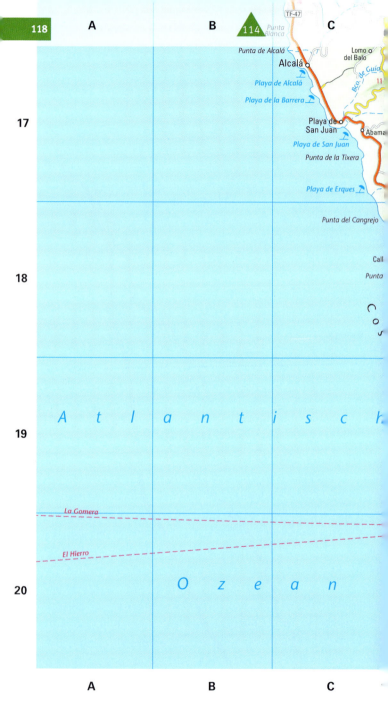

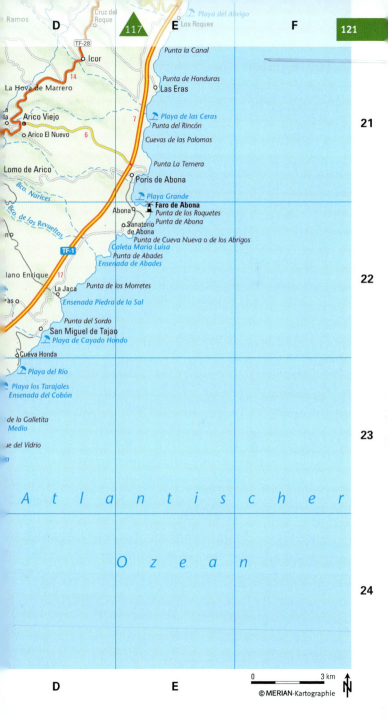

Kartenregister

Abona ○ 121, E22
Abreo ▲ 116, C15
Acantilado de los Gigantes ★ 114, C12
Adeje ○ 119, E18
Agua García ○ 113, D6
Aguamansa ○ 112, B8
Alcalá ○ 118, C17
Aldea Blanca ○ 120, A23
Almáciga ○ 110, C2
Alto de Chimoche ∞ 119, E17
Añaza ○ 110, A4
Aquapark Octopus ★ 119, E19
Arafo ○ 117, E14
Araya ○ 113, D8
Arguayo ○ 114, C11
Arico ∞ 120, C21
Arico el Nuevo ○ 121, D21
Arico La Magdalena ∞ 120, B21
Arico o Lomo de Arico ○ 120, C21
Arico Viejo ○ 121, D21
Aripe ○ 115, D12
Armeñime ○ 119, D18
Arona ○ 119, F18

Bahía de la Garañona ~ 112, C6
Bajamar ○ 113, E5
Baracán ▲ 114, B10
Barranco Afur ~ 110, B2
Barranco Chacón ~ 120, C23
Barranco de Erques ~ 119, E17
Barranco de la Rosa ~ 117, E16
Barranco de las Arenas ~ 120, A21
Barranco de las Goleras ~ 119, F18
Barranco de las Lajas ~ 113, E6
Barranco de las Megias ~ 113, D7
Barranco de Taborno ~ 110, B2
Barranco de Tragatrapos ~ 120, A22
Barranco del Archiles ~ 120, A24
Barranco del Cazador ~ 115, E
Barranco del Cercado de Andrés ~ 110, C2
Barranco del Palmero ~ 116, C15
Barranco del Rey ~ 119, E19
Barranco del Río ~ 110, A2
Barranco Grande ○ 110, A4
Barranco Guasiegre ~ 120, C22
Barranco Hondo ○ 113, E8
Barranco lade Magdalena ~ 119, F17
Barranco Narices ~ 121, D21
Barranco Pasada de los Bueyes ~ 116, C16
Barranco Perdono ~ 110, A2
Batán de Abajo ○ 110, A2
Benijo ○ 111, D1
Benijos ○ 112, B8
Buen Paso ○ 115, F9
Buenavista del Norte ○ 114, B10
Burro Safari ★ 121, D22
Buzanada ○ 119, F19

Cabo Blanco ○ 119, F19
Caleta del Roncador ~ 113, E5
Caleta María Luisa ~ 121, E22
Caleta Salvaje ~ 112, C6
Callao Salvaje ○ 119, D18
Canal de Araya ~ 113, E7
Canal del Cabildo ~ 110, A2
Canal del Sur ~ 119, F18
Canal Regantede Chio ~ 115, E
Canal Unión Victoria Sta. Cruz ~ 113, D6
Casa de Guerra ○ 113, D6
Castillo de San Miguel ★ 115, D10
Charco del Pino ○ 120, B22
Chayofa ○ 119, E19
Chiguergue ○ 115, D12
Chimbesque ▲ 120, A23
Chimiche ○ 120, C22
Chío ○ 114, C12
Chipeque ▲ 112, C8
Chirche ○ 115, D12
Chozas Viejas ∞ 116, B16
Chuchurumbache ○ 120, B23
Colmenas ▲ 116, B16
Conde ▲ 119, E18
Costa del Silencio ∞ 119, F20
Costa del Silencio ○ 119, F20
Cruz de Tea ○ 120, A22
Cruz del Roque ○ 117, D16
Cueva Bermeja ○ 110, C3
Cueva del Barranco de Herque ★ 117, E16
Cueva Honda ○ 121, D22
Cuevas del Palmar ○ 114, B10
Cuevas del Viento ○ 115, E10

Dársena Pesquera ○ 110, C3
Dique del Este ○ 110, C3
Drago Milenario ★ 115, E10

El Amparo ○ 115, E10
El Apartadero ○ 117, D16
El Banquillo ∞ 112, B7
El Bebedero ○ 112, B8
El Becerro ∞ 119, D18
El Camino de Chasna ○ 112, B8
El Cho ○ 119, F19
El Desierto ○ 120, B22
El Diablillo ▲ 113, D7
El Draguillo ○ 111, D1
El Draguito ○ 120, B22
El Escobonal ○ 117, E16
El Fraile ○ 119, F19
El Guincho ○ 115, E10
El Guincho ○ 120, A24
El Helecho ∞ 120, C22
El Jaral ○ 119, D17
El Jurado ∞ 119, E19
El Médano ○ 120, C23
El Molledo ○ 114, C11
El Morenero ∞ 119, F18
El Ortigal ○ 113, E6
El Palmar ∞ 114, B10
El Palmar ○ 114, B10
El Pinalito ○ 120, A21
El Pinar ∞ 120, A21
El Portezuelo ○ 113, E6
El Portillo de la Villa ▲ 116, B15
El Pris ○ 113, D6
El Puertito ○ 119, D18
El Retamar ○ 114, C11
El Rincón ○ 112, B7
El Río ○ 120, C22
El Roque ○ 120, A23
El Roquete ∞ 111, D2
El Roquillo ∞ 116, B14
El Salto ○ 120, B22
El Sanatorio ○ 116, A16
El Sauzal ○ 113, D6
El Socorro ○ 113, E6
El Socorro ○ 117, F14
El Tablado ○ 117, E16
El Tablero ○ 119, F19
El Toscal Longuera ○ 112, A7
El Viñático ○ 112, A8
Embalse de los Campitos ~ 110, B3
Embalse de Tahodio ~ 110, B3
Erjos ○ 114, C10
Ermita Cruz del Carmen ★ 110, B2
Ermita de la Cruz del Tronco ★ 115, E10
Ermita de San Bernabé ★ 115, E10
Ermita de San José ★ 114, C10
Ermita de San Sebastián ★ 119, D19
Ermita Na. Sa. del Carmen ★ 110, A2
Escalona ○ 119, F18

Kartenregister 123

Fañabé ○ 119, E18
Faro de Abona ★ 121, E22
Faro de Anaga ★ 111, E1
Faro de Rasca ★ 119, E20
Faro de Teno ★ 114, A10
Farrobillo ○ 112, C7
Fasnia ○ 117, D16
Finca España ○ 110, A3
Fuente del Bardo ○ 116, A14

Garachico ○ 115, D10
Geneto ○ 110, A3
Genovés ○ 115, D10
Gracia ○ 110, A3
Granadilla de Abona ○ 120, B22
Guajara ▲ 116, A16
Guamasa ○ 113, E6
Guargacho ○ 120, A24
Guaza ○ 119, E19
Guaza ▲ 119, F19
Güímar ○ 117, E15
Guía de Isora ○ 115, D12

Hocico del Perro ∞ 119, D18
Hoya de los Hornitos ∞ 120, B23
Hoya de Padilla ∞ 115, F10

Icod de Los Vinos ○ 115, E10
Icod el Alto ○ 116, A13
Icor ○ 121, D21
Ifonche ○ 119, E18
Igueste de San Andrés ○ 111, D2
Igueste ○ 113, E8
Izaña ▲ 116, C15

Jardín de Botánico ★ 112, B7
Jardina ○ 110, B2
Jardines del Atlántico ★ 119, F19

La Asomada del Gato ∞ 115, E12
La Barranquera ○ 113, D5
La Caleta ○ 114, C10
La Caleta ○ 117, F15
La Caleta ○ 119, D18
La Camella ○ 119, F19
La Cantera ○ 120, B22
La Cisnera ○ 120, C21
La Concepción ○ 119, D17
La Corujera ○ 112, B7
La Costa ○ 114, C9
La Cuesta ○ 110, B3
La Cumbrilla ○ 110, C2
La Cumbrilla ○ 111, D2
La Degollada ○ 121, D21
La Esperanza ○ 113, E7
La Florida ○ 112, B8
La Florida ○ 115, F10
La Florida ○ 119, F19

La Fuente Nueva ○ 117, D16
La Guancha ○ 115, F10
La Hacienda Perdida ○ 112, B8
La Hidalga ○ 117, E14
La Hoya de Marrero ∞ 121, D21
La Jaca ○ 121, D22
La Ladera ∞ 117, D15
La Laguna ○ 110, A3
La Lanuda ∞ 116, C14
La Locera ○ 119, F18
La Luz ○ 113, D6
La Mancha ○ 115, E10
La Mareta ○ 120, B24
La Matanza de Acentejo ○ 112, C7
La Medida ○ 117, E15
La Montañeta ○ 112, A8
La Montañeta ○ 115, D10
La Perdoma ○ 112, A8
La Punta ∞ 114, B12
La Sabinita ○ 120, C21
La Sombrera ○ 117, D16
La Suerte ○ 119, F18
La Tablada ○ 114, C12
La Tejita ○ 120, B24
La Tierra del Trigo ○ 114, C10
La Vega ○ 115, E10
La Vera ○ 112, A8
La Vera ○ 116, A13
La Victoria de Acentejo ○ 112, C7
La Zarza ○ 117, D16
Ladera Mala ∞ 115, E11
Laderas del Teide ∞ 115, F11
Laorotava ○ 112, B8
Las Abiertas ○ 115, E10
Las Aguas ○ 116, A13
Las Animas ∞ 119, E17
Las Arenas ○ 112, A8
Las Bajas ∞ 114, B12
Las Caletillas ○ 113, E8
Las Cañadas ∞ 116, A16
Las Cañadas del Teide ○ 116, A16
Las Cañadas del Teide ○ 116, B15
Las Canteras ○ 110, A3
Las Carboneras ○ 110, B2
Las Casas de Afur ○ 110, B2
Las Chafiras ○ 120, A23
Las Chumberas ○ 110, A4
Las Crucitas ∞ 120, B23
Las Cuevecitas ○ 113, D8
Las Eras ○ 121, E21
Las Fuentes ○ 120, A22
Las Galletas ○ 119, F20
Las Manchas ○ 114, C11
Las Mercedes ○ 110, A2
Las Montañas ○ 120, C23
Las Morras ∞ 117, D14
Las Palmas ○ 111, D1
Las Portelas ○ 114, B10
Las Raíces ★ 113, E7

Las Rosas del Guanche ○ 119, F20
Las Rosas ○ 113, E7
Las Rosas ○ 116, A14
Las Troviscas ∞ 115, F11
Las Vegas ○ 120, B22
Las Zocas ○ 120, C22
Llano de Ifara ∞ 120, C23
Llano de las Mesas ∞ 119, E20
Llano de los Camellos ∞ 120, A23
Llano de Ucanca ★ 115, F12
Llano del Conejo ∞ 116, B16
Llano del Moro ○ 110, A4
Llano del Perú ∞ 120, C22
Llano Enrique ○ 121, D22
Loma de la Hoya ∞ 120, A23
Lomo Bermejo ○ 111, D2
Lomo de la Burra ○ 116, A15
Lomo de las Bodegas ○ 111, D2
Lomo de las Vistas ○ 120, B21
Lomo de los Chupaderos ∞ 116, A14
Lomo de los Cosetes ∞ 115, F12
Lomo de Mena ○ 117, E15
Lomo del Balo ○ 118, C17
Lomo la Crucita ∞ 114, C12
Lomo Pelado ○ 113, E7
Lomo Seco ○ 120, B21
Loro Parque ★ 112, A7
Los Abrigos ○ 120, A24
Los Baldíos ○ 110, A3
Los Barranquillos ∞ 117, D15
Los Barrenos ○ 115, E11
Los Blanquitos ○ 120, B22
Los Campitos ○ 110, B3
Los Carrizales ○ 114, B10
Los Cristianos ○ 119, E19
Los Gallitos ∞ 116, A14
Los Gigantes ○ 114, C12
Los Gómez ○ 112, B8
Los Hoyos Blancos ∞ 120, C23
Los Menores ○ 119, D18
Los Naranjeros ○ 113, D6
Los Organos ★ 112, B8
Los Pajares ○ 114, B11
Los Pajares ∞ 116, C16
Los Pajolillos ○ 113, E5
Los Rodeos ○ 113, E6
Los Roques ○ 117, E16
Los Silos ○ 114, C10

Machado ○ 113, E7
Macizo de Teno ∞ 114, B10
Majada de los Jimenez ∞ 115, D12
Malpaís ∞ 117, F15
Malpaís ○ 113, D8
Malpaís ○ 114, C11
Malpasito ▲ 120, A24

124 REGISTER

Mancha de la Jara ∞ 115, D10
María Jiménez ○ 110, C3
Masca ○ 114, C11
Mesa del Mar ○ 113, D6
Milán ○ 113, E5
Mirador de Don Martín ★ 117, E15
Mirador de Don Pompeyo ★ 114, B10
Mirador de Humboldt ★ 112, B7
Mirador de la Centinela ★ 119, F19
Mirador de las Cumbres ★ 112, C8
Mirador del Pico del Inglés ★ 110, B2
Mirador Lomo Molino ★ 115, D10
Mirador Los Roques ★ 116, A16
Mirador Montaña Grande ★ 113, E7
Mirador Ortuño ★ 113, D7
Mirador Ortuño ★ 113, D7
Mirador Pico de las Flores ★ 113, D7
Montaña Colorada ∞ 120, A21
Montaña de Anaga ∞ 110, B2
Montaña de Enmedio ▲ 116, B15
Montaña de la Cruz ∞ 116, A16
Montaña de los Albarderos ∞ 116, C16
Montaña de Taco ∞ 114, C10
Montaña del Cascajo ▲ 115, D11
Montaña del Cedro ▲ 115, E12
Montaña del Estrecho ▲ 115, D11
Montaña las Lajas ▲ 119, F17
Montaña Rajada ▲ 116, A15
Montaña Reventada ∞ 115, E12
Monte de la Esperanza ∞ 112, C8
Morra Ramos ∞ 117, D16
Morro Chó Pérez ∞ 120, A24
Morro Meceñe ∞ 119, E19

Observatorio Astronómico de Izaña ★ 116, C15

Paisaje Lunar ★ 120, A21
Pájara ○ 117, E15
Palm-Mar ○ 119, E20
Palo Blanco ○ 112, A8
Parador Nac. de las Cañadas ★ 116, A16

Parque Ecológico Las Águilas del Teide ★ 119, F19
Parque Natural de Corona Forestal ☆ 115, E11
Parque Natural de Corona Forestal ☆ 116, C14
Parque Natural de Corona Forestal ☆ 119, E17
Pegueras ○ 121, D22
Pico de las Cabras ▲ 116, A15
Pico del Teide ▲ 115, F11
Pico Viejo ▲ 115, F12
Piedra Mena ∞ 119, E20
Pinolerís ○ 112, B8
Playa Berruguete ~ 110, A4
Playa Colmenares ~ 120, A24
Playa de Alcalá ~ 118, C17
Playa de Anosma ~ 111, E2
Playa de Antequera ~ 111, E2
Playa de Arribaolas Bajas ~ 117, F15
Playa de Barranco Seco ~ 114, B11
Playa de Benijo ~ 110, C1
Playa de Cayado Hondo ~ 121, D22
Playa de El Draguillo ~ 110, C1
Playa de Erques ~ 118, C17
Playa de Ijuanao Ujana ~ 111, E2
Playa de Juan López ~ 114, B11
Playa de la Arena ~ 114, B12
Playa de la Arenita ~ 119, E20
Playa de la Barrera ~ 118, C17
Playa de la Caleta ~ 115, D9
Playa de la Caleta ~ 117, F15
Playa de la Encaramada ~ 119, D19
Playa de la Entrada ~ 117, F14
Playa de La Tejita ~ 120, B24
Playa de las Aguas ~ 115, D10
Playa de Las Américas ○ 119, E19
Playa de las Arenas ~ 113, E8
Playa de las Caletillas ~ 113, E8
Playa de las Ceras ~ 121, E21
Playa de las Gaviotas ~ 111, D3
Playa de las Teresitas ~ 111, D3
Playa de Leocadio Machado ~ 120, C24
Playa de los Troches ~ 110, A1
Playa de Masca ~ 114, B11
Playa de Ruiz ~ 116, A13
Playa de Samarines ~ 117, F14

Playa de San Agustín ~ 115, F9
Playa de San Blas ~ 120, A24
Playa de San Juan ~ 118, C17
Playa de San Juan ○ 118, C17
Playa de San Marcos ~ 115, E9
Playa de San Roque ~ 110, C1
Playa de San Telmo ~ 112, A7
Playa de Sto. Domingo ~ 115, F9
Playa de Topuerque ~ 117, E16
Playa de Troya ~ 119, E19
Playa del Abrigo ~ 117, E16
Playa del Arenal ~ 113, E5
Playa del Bobo ~ 119, E19
Playa del Bollullo ~ 112, B7
Playa del Camello ~ 113, D6
Playa del Carrizal ~ 114, B
Playa del Castillo ~ 112, A7
Playa del Fraile ~ 114, B10
Playa del Gigante ~ 114, BC12
Playa del Guincho ~ 119, E19
Playa del Junquillo ~ 111, D1
Playa del Medio ~ 120, C23
Playa del Pris ~ 113, D6
Playa del Río ~ 121, D23
Playa del Socorro ~ 117, F14
Playa del Tachero ~ 110, C2
Playa del Tamadite ~ 110, B1
Playa Grande ~ 121, E21
Playa los Tarajales ~ 121, D23
Playa Paraiso ○ 119, D18
Playa Santiago ~ 114, B12
Porís de Abona ○ 121, E21
Puertito de Güímar ○ 117, F15
Puerto Caballo ∞ 110, B4
Puerto de Erjos ▲ 114, C11
Puerto de Izaña ▲ 117, D14
Puerto de la Cruz ○ 112, A7
Puerto de los Mozos ○ 119, D18
Puerto de Santiago ○ 114, C12
Punta Bajio del Negro Δ 114, C9
Punta Blanca Δ 114, C12
Punta de Abades Δ 121, E22
Punta de Abona Δ 121, E22
Punta de Agua Dulce Δ 113, F8
Punta de Ajabo Δ 119, D18
Punta de Alcalá Δ 118, C17
Punta de Anagao de las Salinas Δ 111, E2
Punta de Antequera Δ 111, E2
Punta de Barbero Δ 114, B12

Kartenregister

Punta de Bocinegro Δ 119, E20
Punta de Cueva Nuevao de los Abrigos Δ 121, E22
Punta de Guadamojete Δ 113, F8
Punta de Honduras Δ 121, E21
Punta de Juan Bay Δ 111, E2
Punta de Juan Blas Δ 112, C7
Punta de Juan Centellas Δ 115, E9
Punta de la Barranquera Δ 113, D5
Punta de la Entrada Δ 117, F15
Punta de la Fajana Δ 115, F9
Punta de la Galera Δ 114, B11
Punta de la Gaviotas Δ 119, D18
Punta de la Hábíga Δ 114, A10
Punta de la Higuera Δ 114, B11
Punta de la Jaquita Δ 120, C23
Punta de la Laja Δ 114, C9
Punta de la Rasca Δ 119, E20
Punta de la Sabina Δ 115, E9
Punta de la Tixera Δ 118, C17
Punta de las Salinas Δ 113, D5
Punta de las Salinas Δ 117, F16
Punta de los Altillos Δ 117, F15
Punta de los Machos Δ 114, B11
Punta de los Mejillones Δ 120, C23
Punta de los Organos Δ 111, D3
Punta de los Roquetes Δ 110, C1
Punta de los Roquetes Δ 121, E22
Punta de Roque Manzano Δ 110, B4
Punta de Tamadite Δ 110, B1
Punta de Teno Δ 114, A10
Punta de Tierras Caidas Δ 111, E2
Punta del Ancón Δ 114, A10
Punta del Barranco Hondo Δ 112, B7
Punta del Bocinegro Δ 120, C24
Punta del Callao de Alcabú Δ 114, B9
Punta del Frontón Δ 110, A1
Punta del Hidalgo Δ 110, A1
Punta del Jurado Δ 114, A10
Punta del Puerto Δ 119, E20
Punta del Rincón Δ 121, E21
Punta del Sauzal Δ 112, C6

Punta del Sol Δ 112, C7
Punta del Sordo Δ 121, D22
Punta del Tanque del Vidrio Δ 120, C23
Punta del Valle de San Andrés Δ 110, C3
Punta del Viento Δ 113, D5
Punta Dientede Ajo Δ 114, A10
Punta El Callao Δ 120, A24
Punta El Jurado Δ 111, E1
Punta la Canal Δ 121, E21
Punta la Romba Δ 113, D5
Punta La Ternera Δ 121, E21
Punta Maragallo Δ 110, B4
Punta Montaña Amarilla Δ 120, A24
Punta Negra Δ 114, B9
Punta Negra Δ 119, D18
Punta Negra Δ 119, F20
Punta Pachona Δ 110, A4
Punta Pesquero Alto Δ 112, C6
Punta Poyata Δ 110, B2
Punta Prieta Δ 117, F15
Punta Roja Δ 120, B24
Punta Salema Δ 119, F20
Punta Sargo Δ 113, D6
Punta Vizcaino Δ 114, B11

Radazul ○ 113, F8
Rasca ▲ 119, E20
Ravelo ○ 113, D6
Realejo Alto ○ 112, A8
Redondo ○ 115, F10
Ricasa ○ 119, D17
Roja ▲ 120, B24
Roque Bermejo ▲ 111, E1
Roque de Garachico ▲ 115, D9
Roque de las Bodegas ○ 110, C2
Roque de los Brezos ▲ 119, F18
Ruigómez 115, D10

Sabinita ○ 119, F19
San Andrés ○ 110, C3
San Antonio ○ 112, B8
San Bartolomé ○ 110, A3
San Bernardo ▲ 114, C10
San Eugenio Alto ○ 119, E19
San Gonzalo ○ 113, E6
San Isidro ○ 110, A4
San Isidro ○ 120, B23
San José de Los Llanos ○ 115, D10
San José ○ 114, C10
San Juan de La Rambla ○ 115, F9
San Juan del Reparo ○ 115, D10
San Juan Los Perales ○ 113, D6
San Juan ○ 121, D22
San Lazaro ○ 110, A3

San Marcos ★ 115, E10
San Marcos ○ 115, E9
San Miguel de Tajao ○ 121, D22
San Miguel ○ 120, A22
San Vicente ○ 116, A13
Sanatorio de Abona ○ 121, E22
Santa Bárbara ○ 115, F10
Santa Catalina ○ 115, F9
Santa Cruz de Tenerife ○ 110, B3
Santa María del Mar ○ 110, A4
Santa Ursula ○ 112, C7
Santiago del Teide ○ 114, C11
Santo Domingo ○ 115, F9
Sobradillo ○ 110, A4

Taborno ▲ 110, B2
Taco ○ 110, A4
Tacoronte ○ 113, D6
Taganana ○ 110, C2
Tagoro ○ 112, C7
Tagoro ○ 113, D6
Tamaide ○ 120, A23
Tamaimo ○ 114, C11
Tanque ○ 115, D10
Taucho ○ 119, E17
Tegueste ○ 113, E5
Tejina ○ 113, E5
Tejina ○ 119, D17
Teleférico ★ 116, A15
Teno Alto ○ 114, B10
Tigaiga ○ 116, A13
Tijoco Bajo ○ 119, D17

Valle Brosque ○ 110, C2
Valle Crispín ○ 110, C2
Valle de Arriba ○ 114, C11
Valle de Chafari ∞ 115, F12
Valle de Guerra ○ 113, E5
Valle de San Lorezo ○ 119, F19
Valle Jiménez ○ 110, B3
Valle Tabares ○ 110, B3
Valleseco ○ 110, C3
Vera de Erque ○ 119, D17
Vilaflor ○ 120, A21
Vista de San Felipe ∞ 115, E10
Volcán de Fasnia ▲ 116, C15
Volcán de la Botija ▲ 115, F11

Yaco ○ 120, B23

Zeichenerklärung
○ Orte
Δ Kap
▲ Gebirge
∞ Landschaft
~ Gewässer, Strand
★ Sehenswürdigkeit
☆ Nationalpark

Orts- und Sachregister

Wird ein Begriff mehrfach aufgeführt, verweist die **fett** gedruckte Zahl auf die Hauptnennung, eine *kursive* Zahl auf ein Foto.
Abkürzungen:
Hotel [H]
Restaurant [R]

Abama Golf [Guía de Isora] *32*, 33
Adeje 89
Agro-rosa [La Esperanza/El Rosario] 21
Aguere [H, La Laguna] 53
Alhóndiga [Tacoronte] 57
Altstadt von La Laguna [MERIAN-TopTen] 49, *52*
Amós [R, Santa Cruz de Tenerife] 44
Anaga-Gebirge [MERIAN-TopTen] *48*, 49, **55**, 86, *86*
Anreise 100
Apotheken 104
Aqualand Costa Adeje [Playa de las Américas] 37
Arafo 54
Arguayo 85
Arico 76
Aricotur [H, Arico] 76
Arona Gran Hotel [H, Los Cristianos] 77
Astroamigos [Santa Cruz de Tenerife] 47
Auditorio de Tenerife [Santa Cruz de Tenerife] *40*, 47
Auskunft 101
Auto 105

Bahía de la Garañona 35
Bahía Princess [H, Playa de las Américas] 74
Bailadero de las Brujas 89
Bevölkerung 92
Boca del Tauce 79, **83**
Bodegas 19
Bodegas de Vilaflor [Vilaflor] 21
Botánico [H, Puerto de la Cruz] 63
Buchtipps 101
Buenavista 84
Buenavista Golf [Buenavista del Norte] 33
Busse 106

Café del Príncipe [R, Santa Cruz de Tenerife] 44*45*
Camello Center [El Tanque] 37
Cañada Blanca 83
Candelaria 54, *55*
Carmen [R, Icod de los Vinos] 67
Casa Antigua [R, Puerto de la Cruz] 61
Casa Chicho/El Sombretito [H, El Vilaflor] 79
Casa de la Cultura [Garachico] 66
Casa de los Balcones 70, *70*

Casa del Vino »La Baranda« [El Sauzal, MERIAN-TopTen] *10/11*, 17, 18, 26, **57**
Casa Lercaro [La Laguna] 52
Casa Tafuriaste [La Orotava] 68
Casa Torrehermosa [La Orotava, MERIAN-Tipp] 25
Casino [Playa de las Américas] 76
Casino [Puerto de la Cruz] 65
Casino [Santa Cruz de Tenerife] 47
Castillo de San Felipe [Puerto de la Cruz] 62
Castillo de San Miguel [Garachico] 66
Catedral [La Laguna] 50
Cementerio de San Carlos [Puerto de la Cruz] 60
Centro Alfarero [Arguayo] 85
Centro de Golf Los Palos [Arona] 33
Chamorga 87
Chinobre 87
Contemporáneo [H, Santa Cruz de Tenerife] 44
Cruz de Taborno 56

Delfine 23, *23*
Diplomatische Vertretungen 101

Einkaufen 24
Eintöpfe 15
El Cardón [Buenavista del Norte] 22
El Coto de Antonio [R, Santa Cruz de Tenerife] 45
El Duque [R, Playa de las Américas] 74
El Granero [R, Playa de las Américas] 76
El Limón [R, Puerto de la Cruz] 21
El Médano 35, **78**
El Palmar 84
El Patio [R, Playa de las Américas] 75
El Peñón-Real Club de Golf de Tenerife [Guamasa-Tacoronte] 33
El Rincón del Marinero [R, Los Cristianos] 77
El Sol [R, Los Cristianos] 77
El Sombrerito 79
El Tonique [R, La Laguna] 53
Entfernungen 108
Ermita Cruz del Carmen 87
Essen und Trinken 14
Events 28

Fahrrad 106
Familientipps 36
Feiertage 102
Fernsehen 102
Feste 28
Finca La Cuadra de San Diego [R, La Matanza de Acentejo, MERIAN-Tipp] 16
Fischgerichte 17
FKK 102
Fleischgerichte 16
Flugzeug 100
Fronleichnam in La Orotava [MERIAN-Tipp] 31

Garachico *38/39*, 65, *67*
Geld 102
Geografie 92
Geschichte 94
Gofio 16
Golf 33
Golf Costa Adeje [Adeje] 33
Golf del Sur [San Miguel de Abona] 33
Gran Hotel Bahía del Duque [H, Playa de las Américas] *12*, 74
grüner reisen 20
Güímar 54

Herbolario El Olivo [Santiago del Teide] 22
Hostales 13
Hotel Rural Costa Salada [H, La Laguna] 52
Hotel Spa Villalba [H, El Vilaflor] 79
Hotels 13

Icod de los Vinos 67
Iglesia de Nuestra Señora de la Concepción [La Laguna] 50
Iglesia de Nuestra Señora de la Concepción [La Orotava] 58, 68
Iglesia de Nuestra Señora de la Concepción [Santa Cruz de Tenerife] 42
Iglesia de Nuestra Señora de la Peña de Francia [Puerto de la Cruz] 60
Iglesia de San Francisco [Santa Cruz de Tenerife] 42
Iglesia de San Marcos [Icod de los Vinos] 67
Iglesia de Santa Ana [Garachico] 66
Iglesia de Santo Domingo [La Laguna] 50
Igueste de San Andrés 47
Internet 103
Isla Baja [R, Garachico] 67
Isla del Lago [H, Puerto de la Cruz] 64

Jardín Botánico [Puerto de la Cruz, MERIAN-TopTen] **60**, 62
Jardín Tropical [H, Playa de las Américas] 74
Jungle Park [Arona] 37

Orts- und Sachregister

Karneval in Santa Cruz [MERIAN-TopTen] *28, 29*
Kartoffeln 15
Keramikwaren 27
Kleidung 103
Klima 104
Konsulate 101
Krankenhaus 103
Krankenversicherung 103
Kriminalität 103
Kulinarisches Lexikon 98
Kunsthandwerk 25, *27*, **27**

La Crucita 83
La Esperanza 82
La Laguna *49*, 82, 86
La Matanza de Acentejo/ La Victoria de Acentejo 54
La Orotava *58*, 68
La Quinta Roja [H, Garachico] 66
La Rambleta [Parque Nacional del Teide] 71, **82**
La Siesta [H, Playa de las Américas] 74
Lage 92
Lago de Martiánez [Puerto de la Cruz] 60
Las Aguas [R, San Juan de la Rambla, MERIAN-Tipp] 66
Leihwagen 106
Lomo de las Bodegas 87
Loro Parque [Puerto de la Cruz, MERIAN-TopTen] *36, 37*, **60**
Los Abrigos 78
Los Cristianos *72*, *77*, **77**
Los Limoneros [R, Tacoronte] 57
Los Troncos [R, Santa Cruz de Tenerife] 45
Luz del Mar [H, Garachico] 66

Magnolia [R, Puerto de la Cruz] 63
Marisquería Mario [R, Puerto de la Cruz] 64
Markt in Santa Cruz [MERIAN-TopTen] *26*, 41, **42**
Märkte 26
Marquesa [H, Puerto de la Cruz] 63
Masca *4*, *80/81*, **85**, 88
Masca-Schlucht 88, *88*
Medizinische Versorgung 103
Mencey [H, Santa Cruz, MERIAN-Tipp] 45
Mercado de Nuestra Señora de África [Santa Cruz de Tenerife, MERIAN-TopTen] *24*, 42
Mercado in La Laguna [MERIAN-Tipp] 26
Mesón Castellano [R, Playa de las Américas] 75
Mirador Cabezo del Tejo 87
Mirador de Don Pompeyo 84
Mirador de San Telmo [Puerto de la Cruz] 62
Mirador les Cumbres 83
Mirador Los Roques 83
Mirador Ortuño 82
Mirador Pico del Inglés 87

Mojo 16
Monopol [H, Puerto de la Cruz] 63
Montaña de Chasna 79
Montañas de Anaga [MERIAN-TopTen] *48, 49*, **55**, 86, *86*
Museo Arqueológico [Puerto de la Cruz] 62
Museo de Antropología de Tenerife [La Laguna] 50
Museo de Artesanía Iberoamericana [La Orotava] 68
Museo de Cerámica [La Orotava] 68
Museo de la Ciencia y del Cosmos [La Laguna] 51
Museo de la Historia de Tenerife [La Laguna] 51
Museo de la Naturaleza y el Hombre [Santa Cruz, MERIAN-TopTen] 42, *43*
Museo Militar de Canarias [Santa Cruz de Tenerife] 43

Nebenkosten 104
Nivaria [H, La Laguna] 53
Notruf 104

Oasis del Valle [La Orotava] 37
Observatorio Meteorológico de Izaña 68

Paisaje Lunár *78*, 79
Parador Nacional de las Cañadas [H, Parque Nacional del Teide] 71
Parque Municipal García Sanabria [Santa Cruz, MERIAN-Tipp] 41, **44**
Parque Nacional del Teide [MERIAN-TopTen] *70*, 83
Parque San Isídro [Arguayo] 85
Pensionen 13
Pico del Teide *2*, 70, *83*
Pirámides de Güímar [MERIAN-Tipp] 56, *90/91*
Playa de Benijo 35
Playa de las Américas 35, *73*, *75*
Playa de las Teresitas [San Andrés] 35, *47*
Playa de los Cristianos 35
Playa de Martiánez 59
Playa de Masca 88
Playa Sur Tenerife [H, El Médano] 78
Plaza de la Paz [Santa Cruz de Tenerife] 44
Plaza del Adelantado [La Laguna] 52
Politik 93
Portillo de las Cañadas 83
Post 104
Pueblochico [La Orotava] 37
Puerto de la Cruz *2*, *24*, 59, *64*, *92*
Punta de Teno 84
Punta del Hidalgo 56

Rambla [Santa Cruz de Tenerife] 41, **44**
Refugio de Altavista [Parque Nacional del Teide] 71

Reisedokumente 104
Reiseknigge 104
Reisewetter 105
Reiten 33
Romería de San Roque 30, *30*

Sabor Canario [R, La Orotava] 69
San Andrés *46*, 47
San Francisco [Garachico] 66
San Roque [H, Garachico, MERIAN-Tipp] 13
Santa Catalina [Tacoronte] 57
Santa Cruz de Tenerife 41
Santiago del Teide 85
Santo Domingo [Garachico] 66
Schiff 100
Segeln 34
Semana Santa 29
Siampark [Playa de las Américas] 37
Sobre el Archete [R, Candelaria] 54
Sport 32
Sprache 93
Sprachführer 96
Strände 35
Strom 105

Taburiente [H, Santa Cruz de Tenerife] 44
Tacoronte 57
Taganana 56
Taoro [R, La Orotava] 69
Tauchen 34
Taxi 106
Telefon 105
Tenerife Dolphin [Playa de las Américas] 23
Tenerife Espacio de Artes [TEA] [Santa Cruz de Tenerife] 43
Tennis 34
Teno Alto 85
Tiere 105
Tigaiga [H, Puerto de la Cruz, MERIAN-Tipp] 63
Trinkgeld 105
Turismo Rural 13

Übernachten 12

Valle de Guerra 50
Verkehr 105
Verwaltung 93
Victoria [H, La Orotava] 69
Vilaflor [MERIAN-TopTen] 78
Viña Vieja [H, Arico] 76
Vorwahlen 105

Wandern 34
Wein 17, **18**, *18*, 25
Weingüter 19
Windsurfen 35
Wirtschaft 93

Zeitungen 108
Zeitverschiebung 108
Ziegenkäse 25
Zoll 108

128 IMPRESSUM

Liebe Leserinnen und Leser,
vielen Dank, dass Sie sich für einen Titel aus unserer Reihe MERIAN *live!* entschieden haben. Wir freuen uns, Ihre Meinung zu diesem Reiseführer zu erfahren. Bitte schreiben Sie uns an merian-live@travel-house-media.de, wenn Sie Berichtigungen und Ergänzungen haben – und natürlich auch, wenn Ihnen etwas ganz besonders gefällt.

Alle Angaben in diesem Reiseführer sind gewissenhaft geprüft. Preise, Öffnungszeiten usw. können sich aber schnell ändern. Für eventuelle Fehler übernimmt der Verlag keine Haftung.

© 2013 TRAVEL HOUSE MEDIA
  GmbH, München
MERIAN ist eine eingetragene Marke der GANSKE VERLAGSGRUPPE.

Alle Rechte vorbehalten. Nachdruck, auch auszugsweise, sowie die Verbreitung durch Film, Funk, Fernsehen und Internet, durch fotomechanische Wiedergabe, Tonträger und Datenverarbeitungssysteme jeglicher Art nur mit schriftlicher Genehmigung des Verlages.

BEI INTERESSE AN DIGITALEN DATEN AUS DER MERIAN-KARTOGRAPHIE:
kartographie@travel-house-media.de

BEI INTERESSE AN MASSGESCHNEI-DERTEN MERIAN-PRODUKTEN:
Tel. 0 89/4 50 00 99 12
veronica.reisenegger@travel-house-media.de

BEI INTERESSE AN ANZEIGEN:
KV Kommunalverlag GmbH & Co KG
Tel. 0 89/9 28 09 60
info@kommunal-verlag.de

Ein Unternehmen der
GANSKE VERLAGSGRUPPE

TRAVEL HOUSE MEDIA
Postfach 86 03 66
81630 München
merian-live@travel-house-media.de
www.merian.de

3., unveränderte Auflage

PROGRAMMLEITUNG
Dr. Stefan Rieß
REDAKTION
Anne-Katrin Scheiter
LEKTORAT
Ewald Tange, tangemedia, München
BILDREDAKTION
Anna Hoene
SCHLUSSREDAKTION
Edda Benedikt
SATZ
Ewald Tange, tangemedia, Munchen
REIHENGESTALTUNG
Independent Medien Design,
Elke Irnstetter, Mathias Frisch
KARTEN
Gecko-Publishing GmbH
für MERIAN-Kartographie
DRUCK UND BUCHBINDERISCHE VERARBEITUNG
Stürtz Mediendienstleistungen, Würzburg

BILDNACHWEIS

Titelbild (Anaga-Gebirge, Las Carboneras), Caro/Oberhaeuser
Alabama Golf & Spa Resort 32 • Arco Images: Camerabotanica 20 • Bildagentur Huber: A. Piai 36, 70 • Bildagentur Huber: R. Schmid 2, 58, 72, 75, 90/91 • Bildagentur Waldhäusl 46, 48 • Casa del Vino 10/11 • Gran Hotel Bahía del Duque 12 • Hotel San Roque 9 • Istockphoto 23, 77 • laif: hemis.fr/M. Dozier 40 • A. Hub 67, 81/81, H. Jaenicke 18, B. Jonkmanns 14, 24, M. Sasse 4, 28, 38/39, 43, 52, 64, 92, F. Tophoven 83 • Look-Foto: J. Richter 78, 88 • Mauritius Images: Superstock 8 • E. Wrba 27, 30, 55, 86